Fn

Marco Cevoli

IL TRADUTTORE
INSOSTITUIBILE

SPECIALIZZAZIONE E POSIZIONAMENTO PER I PROFESSIONISTI DELLA TRADUZIONE

Il traduttore insostituibile. Specializzazione e posizionamento per i professionisti della traduzione.
Di Marco Cevoli

Copyright © 2017 Qabiria Studio SLNE. Tutti i diritti riservati.

Copertina: Marco Cevoli
Progetto grafico: Marco Cevoli

Le informazioni contenute nel presente testo si basano sull'esperienza diretta degli autori e su ricerche personali. Nonostante gli autori abbiano compiuto ogni sforzo per garantirne l'accuratezza, gli autori e l'editore non si assumono alcuna responsabilità, esplicita o implicita, per eventuali errori od omissioni. Gli autori e l'editore non potranno essere ritenuti responsabili per incidenti, perdite di dati o qualsiasi danno derivato o causato dall'uso dei programmi e dei siti web citati, o dal loro funzionamento.

Tutti i nomi e i marchi citati nel testo sono generalmente depositati o registrati dalle rispettive case produttrici e sono qui usati solo per riferimento. La citazione di nomi o marchi nel testo non implica raccomandazione implicita da parte degli autori o dell'editore. Gli autori e l'editore hanno compiuto ogni sforzo per rispettare tutti i requisiti legali. Tuttavia, rimangono a disposizione degli aventi diritto in caso di involontarie omissioni o inesattezze.

Qabiria Studio SLNE
Carrer Lleida, 31-2
08912 Badalona - Spagna
https://qabiria.com

ISBN: 1977695256
ISBN-13: 978-1977695253

Prima edizione Luglio 2017

Sommario

Ringraziamenti 9
Introduzione 11
L'importanza della specializzazione 13
Modi di specializzarsi 15
Come trovare la propria nicchia 16
Intervista a Roberto Crivello, traduttore tecnico 20
Analisi e azioni 22
Il concetto di personal branding 23
Le 4 fasi del processo di creazione del proprio brand ... 25
Scoprire 26
Intervista a Pablo Muñoz Sánchez, localizzatore di videogiochi ... 33
Analisi e azioni 37
Il posizionamento: il punto di vista dei clienti 39
Segmentazione, targeting e posizionamento 40

Alcuni esempi di posizionamento 43

Intervista a Maria Pia Montoro, terminologa 46

Analisi e azioni 50

Creare: il curriculum vitae 51

Evoluzione del CV 52

Un solo curriculum non è abbastanza 53

Peculiarità del curriculum di un linguista 57

Errori da evitare 58

Errori di carattere generale 58

Errori tipici dei linguisti 62

Il curriculum cartaceo 63

Il curriculum online 66

La lettera di accompagnamento 69

Intervista ad Alessandra Martelli, traduttrice e copywriter 71

Analisi e azioni 73

Creare: biglietti da visita, brochure e codici QR 75

Il biglietto da visita e la brochure 76

Errori da evitare 79

I codici QR 81

Intervista a Barbara Ronca, traduttrice editoriale 83

Analisi e azioni ... 86

Creare: video presentazione e video CV ... 87

Errori da evitare ... 89

Intervista a Valentina Stagnaro, traduttrice e sottotitolista ... 91

Analisi e azioni ... 94

Creare: il portfolio online ... 95

Errori da evitare ... 98

Intervista a Laura Prandino, traduttrice letteraria ... 100

Analisi e azioni ... 103

Conclusione ... 105

Ringraziamenti

L'idea per questo libro nasce da una serie di webinar organizzati da Qabiria insieme a STL Formazione. Il primo ringraziamento va quindi alla collega e amica Sabrina Tursi, che ha scommesso su questo progetto, accettando di collaborare. Un grazie di cuore anche ai colleghi intervistati che hanno dedicato parte del loro prezioso tempo a rispondere alle domande, arricchendo il testo con i loro contributi. Grazie anche a Serena Di Pane per aver concesso l'uso del suo articolo sul CV Europass e ad Alessandra Ghiazza per la prima revisione. Infine, questo libro non esisterebbe senza Sergio Alasia, l'altra metà di Qabiria, che non compare nei crediti, ma che ha svolto un ruolo essenziale nel coordinamento del progetto editoriale. Per ultima, ma non meno importante, una dedica a Dori, che ancora una volta ha accettato pazientemente di cedere suo marito alla causa dei traduttori.

Introduzione

Al mondo ci sono all'incirca mezzo milione di traduttori. Soltanto su ProZ, uno dei *marketplace* più frequentati, sono registrati oltre 18 000 traduttori che traducono dall'inglese all'italiano. Perché un cliente dovrebbe scegliere proprio noi?

La capacità di differenziarsi in un mercato sempre più competitivo è un fattore chiave per poter intraprendere una carriera di successo e portarla avanti nel tempo, soprattutto nel settore della traduzione, in cui i fornitori di servizi sembrano indistinguibili fra loro. Ci si è mai soffermati a leggere i testi dei siti web dei traduttori o delle agenzie di traduzione? Non si è provata una certa sensazione di déjà vu? Copiando i testi di due o tre siti, cancellando i nomi propri e affiancandoli l'un l'altro, si noterà che si assomigliano tutti. I testi sono facilmente sovrapponibili, intercambiabili. Questa mancanza di differenziazione del prodotto «traduzione» è il risultato del suo processo di *commoditization*. La traduzione si è trasformata in un prodotto generico, una *commodity*, come il grano, il rame o lo zucchero. Non importa più chi lo vende o che caratteristiche peculiari ha; il bene viene giudicato in base all'unico fattore che lo distingue: il prezzo.

All'inizio della carriera è difficile dire di no ai nuovi clienti e si tende ad accettare qualsiasi incarico. In breve ci si può ritrovare a tradurre testi di ogni tipo, rischiando di diventare «esperti» di tutto, ma in realtà di niente. Invece, sono molti i motivi per cui ci si dovrebbe specializzare. In questo libro tenteremo di spiegarli, fornendo strategie e consigli da mettere in pratica immediatamente per definire la propria unicità rispetto alla concorrenza. Si troveranno esempi di altri professionisti che hanno saputo presentarsi sul mercato con successo, da cui trarre ispirazione per trovare la propria collocazione sul mercato dei servizi linguistici. Spiegheremo inoltre come scegliere il modo adeguato di presentarsi a seconda del cliente, sottolineando l'importanza degli strumenti digitali nello sviluppo del proprio *personal brand*. Si tratta di un percorso non facile, che costringerà il lettore ad analizzarsi a fondo, ma che porterà benefici concreti alla sua reputazione e alla sua attività. L'obiettivo finale è che i clienti scelgano proprio noi, perché siamo unici, perché offriamo un servizio diverso da quello offerto da tutti gli altri, perché lo offriamo in un modo diverso, in modo migliore, con maggiori garanzie, perché trasmettiamo fiducia, professionalità, sicurezza, perché risolviamo problemi anziché porne di nuovi. In una parola, perché siamo insostituibili.

L'importanza della specializzazione

Quando si comincia a lavorare come linguisti non si resiste quasi mai alla tentazione di accettare qualsiasi incarico venga proposto. È un atteggiamento del tutto comprensibile, poiché l'affitto o il mutuo in qualche modo bisogna pagarlo. Per un traduttore, questo significa accettare indistintamente progetti appartenenti a vari settori anche molto lontani fra loro. Ci si può ritrovare a tradurre un testo medico la mattina e un testo legale la sera. Nonostante internet dia la possibilità di approfondire ogni argomento dello scibile, è anche vero che un approccio generalista di questo tipo alla lunga non paga, anche nel senso letterale del termine. Infatti, rinunciando a una specializzazione in un settore concreto, si finisce per essere traduttori «tuttofare». I clienti preferiranno sempre assegnare un progetto di un campo specifico a chi dimostra di avere conoscenze e competenze in quel particolare campo.

Inoltre, il semplice fatto di poter tradurre qualunque cosa non significa che la si tradurrà in modo soddisfacente o con sufficienti garanzie di qualità. A seconda dei propri studi e delle proprie competenze, si avrà una maggiore affinità con alcuni campi nei quali si potrà esprimere tutto il proprio potenziale, mentre si potrebbe faticare a tradurre argomenti non congeniali o di cui non si è esperti. Se ci si limita a uno o due campi specifici, aumenteranno anche le possibilità di far scattare nei clienti l'associazione fra quei campi e il proprio nome, ovvero ci si posizionerà nella mente dei clienti come la prima scelta al momento di dover tradurre in quel settore specifico. Una diretta conseguenza di questo è che probabilmente i clienti preferiranno mandare sempre alla stessa persona il materiale di uno stesso tipo. Il traduttore specializzato riceverà dunque più incarichi ripetuti rispetto a un traduttore generalista. Questo è doppiamente vero, se si considera anche che il mercato dei servizi linguistici si sta spostando sempre di più sulla contrattazione diretta di professionisti. Se soddisfatti, i clienti parleranno di noi ai loro contatti e in questo modo aumenterà la nostra notorietà nel settore.

C'è anche un altro vantaggio non indifferente: lavorando regolarmente su testi dello stesso ambito si affronteranno ripetutamente problemi simili. Questo contribuirà a migliorare le competenze settoriali, molto più di quanto avverrebbe se le energie venissero disperse in progetti di settori sempre diversi. A ciò va aggiunta la questione dello sfruttamento delle risorse che si accumuleranno progetto dopo progetto. Specializzandosi, si potrà costruire una base di conoscenze coerente e monotematica, espressa sotto forma di glossari, memorie di traduzione, dizionari, materiale di riferimento, che acquisirà sempre più valore nel tempo, aumentando di volume con il numero di traduzioni eseguite. Le risorse sempre maggiori contribuiranno a migliorare la produttività, rendendo i nuovi progetti più abbordabili, a volte persino riducendo il numero di ore necessarie per completarli.

Specializzarsi è dunque importante per almeno tre motivi:

1. è un modo pratico di differenziarsi sul mercato;
2. consente di ottenere una maggiore visibilità;
3. consente di approfondire sempre di più un argomento specifico, per diventare professionisti meglio formati.

Una parola d'avvertimento: la specializzazione in quanto tale non è necessariamente un valore. Bisogna differenziarsi in modo da fornire valore ai propri clienti. Il punto di vista da mantenere è sempre quello di chi vogliamo raggiungere, non il nostro. È un aspetto essenziale, spesso trascurato dai professionisti troppo concentrati su sé stessi.

Modi di specializzarsi

Esistono diversi modi per specializzarsi. Innanzitutto, è bene specificare che in questo testo per «specializzazione» ci si riferisce soprattutto alla specializzazione settoriale, ovvero all'approfondimento delle conoscenze relative a un mercato o settore specifici (a volte chiamato «mercato verticale» o semplicemente «verticale»). Questa specializzazione non può limitarsi a una semplice dichiarazione di intenti, ma deve essere suffragata dai fatti. Un professionista che si vende come esperto deve dimostrare le sue competenze, non soltanto affermare di averle. Soprattutto deve comunicare chiaramente in che modo tali competenze rappresentano un vantaggio reale per il cliente. È possibile avallare queste competenze in vari modi, come vedremo nei dettagli in seguito, ma in linea di principio si hanno tre possibilità:

- mettere a disposizione del pubblico contenuti rilevanti;
- mostrare le competenze acquisite per mezzo di certificati o attestati comprovanti la formazione svolta;
- presentare ai clienti potenziali un portfolio con esempi di lavori realizzati.

La specializzazione non necessariamente deve essere legata alla conoscenza approfondita di un campo specifico. Si potrebbe scegliere, invece, di specializzarsi su una lingua di partenza meno diffusa, il cui mercato, già ridotto, non può essere ulteriormente segmentato se si vuole che diventi redditizio. Benché le combinazioni linguistiche più comuni, come inglese-italiano o tedesco-italiano, rappresentino la fetta più consistente del mercato, è anche vero che i professionisti che lavorano con queste lingue sono molto più numerosi e quindi la concorrenza è maggiore. Se si sceglie invece di studiare una lingua «minore», probabilmente ci saranno meno lavori disponibili, ma la concorrenza sarà infinitamente ridotta.

I modi di specializzarsi non legati alle specifiche conoscenze di una nicchia di mercato vengono a volte definiti specializzazioni «orizzontali». Si può decidere di concentrarsi su un problema specifico trasversale a diversi mercati. Per esempio, ci si potrebbe concentrare sulla traduzione e adattamento di siti web, la cosiddetta «localizzazione web», le cui tecniche sono applicabili a tutte le nicchie e a qualunque tipo di industria.

Un'ulteriore maniera di specializzarsi potrebbe essere legata alla modalità di erogazione del servizio. Per esempio, fornendo le traduzioni in tempi particolarmente stretti, come fanno alcune agenzie online, fra cui One Hour Translation (www.onehourtranslation.com), o attraverso canali non abituali (via SMS, Whatsapp o altri sistemi di messaggistica).

Naturalmente si possono combinare fra loro due specializzazioni, una «verticale» e una «orizzontale», per esempio fornendo servizi di traduzione telefonica al settore dei servizi medici d'urgenza. In questi casi bisogna prestare particolare attenzione a non restringere troppo il mercato, rivolgendosi a un numero troppo esiguo di potenziali clienti, strategia che potrebbe essere non sostenibile a lungo termine.

Come trovare la propria nicchia

Compresa l'importanza della specializzazione, potrebbe sorgere la domanda: «In che cosa devo specializzarmi dunque?». Questo percorso di ricerca e autoanalisi sarà l'oggetto dei prossimi capitoli, ma a questo punto è bene anticipare che la scelta del campo di specializzazione non può essere dettata semplicemente da questioni economiche o opportunistiche. Visto che si tratta di un investimento a lungo termine, è bene scegliere un campo che rivesta una certa importanza a livello personale e che susciti entusiasmo, pena l'esaurimento della motivazione poco tempo dopo aver intrapreso questo percorso.

Quando si analizza una nicchia di mercato si deve valutare se esiste un volume sufficientemente alto di clienti da consentire la sussistenza di un'attività ripetuta negli anni. Non si tratta di cercare nicchie con milioni di aziende a cui presentarsi. Un freelance, o un'azienda di traduzioni medio-piccola, può avere successo con 10-100 clienti all'anno. Per non avere particolari problemi, questo numero deve rappresentare una piccola percentuale del totale delle aziende presenti in quella nicchia. Un altro punto da considerare è la tendenza del settore. Se il settore è in crescita, aumenteranno ovviamente le opportunità per i suoi fornitori, mentre un settore stagnante o in recessione potrebbe esaurirsi rapidamente o trasformarsi in un vicolo cieco. Vi è anche un altro aspetto da tenere presente: quanto è difficile raggiungere i potenziali clienti del settore scelto? Per esempio, a moltissimi piacerebbe tradurre per il doppiaggio, ma entrare nell'ambiente degli studi di adattamento è notoriamente complicato. Prima di scegliere un mercato dal difficile accesso è bene valutare quante probabilità si hanno di essere presi davvero in considerazione. Sempre nell'ambito delle valutazioni economiche, bisogna anche tenere conto della predisposizione all'acquisto del mercato scelto. Se si tratta di un settore con margini ridotti, probabilmente i clienti non avranno molte risorse da dedicare all'internazionalizzazione e, di conseguenza, alle nostre traduzioni. Per esempio, cercare di vendere traduzioni a un'azienda agricola tradizionale potrebbe non portare i risultati sperati, mentre magari potrebbe avere più senso avvicinare il comparto dell'agricoltura biologica, attualmente in forte crescita.

Se durante quest'analisi si riscontrano nicchie inesplorate, ovvero in cui non sono presenti altri traduttori, bisogna chiedersi immediatamente se l'assenza corrisponde a un'opportunità reale, oppure se non c'è nessuno perché effettivamente non c'è lavoro. Il settore ideale non è quello privo di concorrenti, ma quello in cui esistono concorrenti che non stanno dando risposte adeguate alla clientela, lasciando spiragli a nuove iniziative, migliori.

A volte l'ambito da approfondire emerge quasi da solo, tramite la spinta di fattori esterni. Per esempio, un evento importante svoltosi nella località di residenza (Olimpiadi, Expo, ecc.) porta una serie di lavori e una serie di contatti che potrebbero segnare il cammino professionale futuro.

In altri casi, si possono sfruttare le conoscenze precedenti, soprattutto se si giunge sul mercato dei servizi linguistici dopo aver svolto un'altra professione. Una persona con studi di ingegneria, anche non conclusi, può decidere di specializzarsi nel settore industriale, oppure un laureato in giurisprudenza ha come sbocco immediato la traduzione legale.

Talvolta, infine, le opportunità nascono dall'osservazione del mercato locale o dallo scambio con professionisti di altri settori con cui si viene a contatto, ossia le collaborazioni e le sinergie, a cui si arriva con il networking sul territorio. Può essere il caso di un traduttore che risiede in una zona altamente turistica e che, vista la richiesta, decide di specializzarsi nella traduzione di siti web per hotel e ristoranti. Oppure un traduttore che collabora spesso con un'agenzia di comunicazione e marketing e che finisce per specializzarsi nella cosiddetta *transcreation*, la riscrittura creativa di testi, soprattutto pubblicitari.

Alcuni analisti del settore hanno identificato una serie di aree che garantirebbero introiti superiori alla media. Queste aree sono:

- industria farmaceutica;
- settore finanziario;
- brevetti;
- settore militare;
- comunicazioni aziendali;
- localizzazione di software;
- settore legale;
- ingegneria;
- scienze naturali.

Per rispondere dunque alla domanda iniziale è necessario fare un passo indietro e scoprire quali sono le caratteristiche peculiari su cui basare la creazione e lo sviluppo di un proprio *personal brand*.

Intervista a Roberto Crivello, traduttore tecnico

Roberto Crivello, laureato in Ingegneria elettronica, ha sfruttato al meglio i suoi studi per posizionarsi come traduttore tecnico dall'inglese all'italiano, attività che ricopre con successo da oltre vent'anni. Il suo sito professionale (http://robertocrivello.com) è un ottimo esempio di comunicazione adattata ai potenziali clienti: innanzi tutto è solo in inglese, mette chiaramente in evidenza il campo di specializzazione grazie a un sapiente uso delle illustrazioni (principalmente disegni tecnici), contiene articoli che spiegano alcuni aspetti della traduzione tecnica anche ai non iniziati e, soprattutto, mostra un esauriente portfolio dei progetti svolti e un elenco di testimonianze di clienti soddisfatti. Non ultimo, il marchio di appartenenza alla American Translators Association (ATA) è posto in evidenza nell'intestazione di ogni pagina, come ulteriore garanzia di professionalità.

Come hai deciso di specializzarti nel tuo settore e perché?

Quando - mentre ancora lavoravo da ingegnere elettronico nella ricerca e sviluppo - ho scoperto il mondo delle traduzioni, parlando con un altro italiano che le faceva da qualche anno, mi ha attratto l'idea della comunicazione tecnica declinata nella traduzione e ho iniziato a propormi sul mercato in qualità di traduttore. Non ho dovuto riflettere su cosa specializzarmi perché, ovviamente, ho iniziato eseguendo traduzioni tecniche.

Come hai trovato il tuo primo cliente? E il più recente?

Il primo cliente mi ha telefonato dopo avere ricevuto il mio CV. Aveva bisogno di tradurre alcuni manuali del settore automobilistico. Erano i tempi pre-internet: si mandavano i CV per posta, si parlava con i clienti al telefono. Il cliente più recente, tramite LinkedIn; ho chiesto a uno dei miei contatti, un *technical writer* britannico, se poteva mettermi in contatto con qualcuno che avesse bisogno di un traduttore con competenza nel settore elettronico.

Se dovessi consigliare a un traduttore una singola azione da svolgere domattina, quale sarebbe?

Iniziare a fare tutto ciò che è necessario per capire bene la lingua di partenza e per saper scrivere bene nella lingua di arrivo.

Che cosa non rifaresti se tornassi indietro?

Contare molto su un singolo cliente perché è importante e ti dà molto lavoro. Potrebbe abbandonarti da un giorno all'altro per un motivo qualsiasi fuori dal tuo controllo. Quindi, avere sempre una gamma di clienti; nel caso ideale, ognuno di questi dovrebbe contribuire al tuo fatturato per non oltre il 20% circa.

Quale caratteristica o quale capacità ritieni che sia determinante per avere successo in questa professione?

La curiosità intellettuale. Che si estrinseca nell'acquisizione dell'assoluta competenza nel settore di specializzazione, dell'ottima conoscenza della lingua di origine, della capacità di scrivere secondo il corretto registro nella lingua di arrivo, della padronanza di tutti gli strumenti informatici richiesti in questa professione e della conoscenza delle tecniche di marketing necessarie per aumentare la propria visibilità sul mercato.

Analisi e azioni

1. Quale modo di specializzarti reputi più adatto alle tue caratteristiche?
2. Considera la fase della carriera in cui ti trovi. Pensi di poter dedicare tempo ed energie a un percorso di specializzazione? Se sì, perché? Se no, perché? Quali sono i motivi che ti impediscono di farlo?
3. Se non stessi lavorando nel settore dei servizi linguistici, che cosa staresti facendo? Che cosa ti avrebbe spinto in quella direzione?
4. Analizza i progetti che ti hanno dato più soddisfazione, o quelli con cui hai ottenuto i migliori risultati. Ci sono tematiche che si ripetono? I progetti appartengono allo stesso settore? Hai risolto lo stesso problema più di una volta? Sulla base di queste osservazioni delinea una nicchia di mercato da avvicinare.

_____

_____

_____

_____

_____

_____

_____

Il concetto di personal branding

Una volta chiariti i motivi per cui ci si dovrebbe specializzare, arriva il momento di rivolgere l'attenzione su sé stessi, alla ricerca dei punti di forza da sfruttare e dei punti deboli da correggere, sempre tenendo d'occhio il mercato, identificandone le opportunità e le minacce. Occorre iniziare a considerarsi non più come artigiani, ma come imprenditori, persino come una vera e propria azienda. A questo scopo è utile ricorrere a un concetto derivante dalle tecniche di sviluppo personale, quello di *personal brand*, traducibile come «marca personale». Semplificando, si può riassumere il concetto di *personal branding* in una frase: per identificare, coltivare e comunicare la nostra «marca personale» dobbiamo chiederci che cosa ci rende diversi dal resto delle persone e quali sono i nostri punti di forza che possono aggiungere valore a quello che facciamo.

In questa sede il concetto sarà estrapolato e applicato alla nostra condizione di lavoratori autonomi, benché possa essere utilizzato con successo anche per definire strategie al di là di quelle prettamente lavorative. L'obiettivo del processo di *personal branding* è dunque quello di distinguerci da tutti gli altri, comunicando in modo chiaro ed efficace perché si dovrebbe scegliere proprio noi. In estrema sintesi, come espresso dall'esperto spagnolo Andrés Pérez Ortega, il *personal branding* ci dice che:

- il tuo lavoro è il tuo *prodotto*;
- la tua professione è la tua *azienda*;
- la tua identità è la tua *marca*.

In una delle sue presentazioni, Pérez Ortega sottolinea uno dei primi effetti dell'avere una marca definita, ovvero l'aumento di valore. Lo si può vedere quotidianamente sugli scaffali di un supermercato: i prodotti di marca costano generalmente molto di più di quelli con il marchio del supermercato stesso.

Il *personal branding* ha una data di nascita ben precisa, che corrisponde alla redazione dell'articolo «The Brand Called You» di Tom Peters, guru americano della gestione aziendale, pubblicato sul numero di agosto-settembre 1997 della rivista di tecnologia, affari e design *Fast Company*. L'articolo, tutt'ora disponibile online (http://www.fastcompany.com/28905/brand-called-you) ancora attuale sotto molti punti di vista, innescò la riflessione sulla necessità di considerare sé stessi e la propria carriera come marche (o brand, che dir si voglia). Successivamente questi contenuti sono stati ampliati nel libro *The Brand You 50: Fifty Ways to Transform Yourself from an 'Employee' into a Brand That Shouts Distinction, Commitment, and Passion!*, sempre di Tom Peters, lettura obbligata per chiunque voglia approfondire l'argomento.

Una volta che ci si convince che non vi sono differenze fra una marca nota, come Nike, Apple o McDonald's e sé stessi come fornitori di servizi (fatte le debite proporzioni), si potranno applicare a sé tutti i metodi e le strategie solitamente riservate alle aziende. Con le parole di Peters, «tutti abbiamo l'opportunità di diventare una marca degna di nota». Siamo, sempre secondo Peters, gli amministratori delegati della nostra stessa azienda, la *Io SpA*, e il nostro principale obiettivo deve essere quello di impegnarci come responsabili marketing nella promozione di questa marca. A questo fine dobbiamo coltivare quattro aspetti:

- giocare di squadra;
- diventare esperti di qualcosa che abbia un valore reale;
- essere visionari;
- essere uomini d'affari concentrati sui risultati pratici.

Che cosa non è invece il *personal branding*? Il *personal branding* non implica darsi un nome commerciale con cui proporsi sul mercato. Scegliere un marchio o un nome commerciale può convenire o meno, ma la «marca» al centro di tutto siamo noi stessi, con il nostro nome e cognome. Solo nel caso in cui si ha un nome piuttosto comune può convenire scegliere uno pseudonimo o un soprannome, ma l'aspetto strategico del *personal branding* va comunque al di là di questo. Non si tratta infatti di un concorso di popolarità: non vince chi ha più follower su Twitter o più «mi piace» su Facebook. Non riguarda neppure il volume di traffico sul proprio sito. Il *personal branding* non significa neppure vendere un'immagine di sé lontana dalla realtà, edulcorata o semplicemente falsa, allo scopo di suscitare apprezzamenti o consensi. Alla base del *personal brand* devono esserci invece la trasparenza e la condivisione, basi su cui costruire il rapporto di fiducia fra un professionista e i suoi interlocutori.

Le 4 fasi del processo di creazione del proprio brand

Quali sono le fasi del processo di *personal branding*? Come si giunge alla definizione della propria unicità? Non esiste una ricetta valida per tutti, perché ogni persona è diversa dall'altra. Un percorso possibile si articola in quattro fasi e inizia dall'autoconoscenza e dall'autoanalisi. In seguito, i risultati di questa ricerca vanno trasmessi all'esterno. Operano quindi due forze uguali ma contrapposte: una che spinge ad analizzarsi in profondità e un'altra che traduce le conclusioni dell'analisi in contenuti e li proietta nel mondo esterno, comunicandoli alle persone che si vogliono raggiungere. Questo processo si può riassumere dunque nelle seguenti quattro azioni:

1. Scoprire (chi siamo, che cosa vogliamo fare)
2. Creare (creazione di contenuti, CV, blog, brochure, portfolio, video, ecc.)

3. Comunicare (promozione e pubblicità dei contenuti per ottenere visibilità)
4. Mantenere (aggiornamento dei contenuti, formazione continua, ecc.)

In questa sede affronteremo nei dettagli il punto 1 e il punto 2, soffermandoci sulla creazione e l'uso di alcuni strumenti essenziali per poterci posizionare sul mercato, lasciando la trattazione approfondita dei punti 3 e 4 per un prossimo volume.

Prima di intraprendere questo processo bisogna essere consapevoli che potenziare una marca personale implica una buona dose di energia e in molti casi richiede una certa capacità creativa e originalità. Non è detto inoltre che gli sforzi compiuti diano un risultato immediato, soprattutto quando la concorrenza è numerosa e agguerrita, come nel settore dei servizi linguistici, e quando i clienti faticano a differenziare un fornitore dall'altro. Ritorniamo al concetto di traduzione come *commodity*, in virtù del quale l'unico elemento differenziatore diventa il prezzo. Sviluppare la propria marca personale significa lasciarsi alle spalle la traduzione come *commodity* e ritornare a vendere un valore aggiunto percepito come tale. Senz'altro è un obiettivo ambizioso, ma alla portata di chiunque abbia motivazione e dedizione sufficienti.

Scoprire

Il primo strumento consigliato per iniziare la fase di autoanalisi è la tecnica creativa del *brainstorming*, mediante la quale si generano idee e contenuti in modo completamente libero, senza censure né critiche. Lo spunto per questa sessione di *brainstorming* dev'essere l'attività lavorativa presente e passata, mentre lo scopo, il problema da risolvere, è la definizione di un obiettivo professionale concreto.

Si raccomanda di non eseguire la sessione davanti al computer, ma di procurarsi un foglio di carta (dimensioni minime A3) e pennarelli di vari colori. Lo spazio bianco più grande del solito e i colori servono a differenziare questa sessione da una semplice stesura di elenchi, oltre che a rendere l'attività più libera e rilassata. Sul foglio vanno create varie colonne, una per ogni posizione lavorativa ricoperta negli ultimi dieci anni (o più, se abbiamo molta esperienza). In questa fase bisogna inserire tutti i lavori svolti, anche se poi si deciderà di escluderli dalla versione definitiva del profilo professionale, a cui successivamente si darà forma di curriculum, sito, profilo su LinkedIn, o altro. Si consiglia di inserire anche eventuali volontariati e tutte quelle esperienze che possono contribuire a delineare un quadro più completo delle proprie capacità, attitudini e traguardi ottenuti.

Per ogni posizione lavorativa inserita occorre indicare tutte le attività svolte, anche se apparentemente di poco conto. L'obiettivo è mettere per iscritto più elementi possibile, per poi estrapolare soltanto quelli che più ci interessano. In questa fase è importante cercare di quantificare le attività svolte (quante persone abbiamo gestito, che budget avevamo a disposizione, quante parole abbiamo tradotto e così via), nonché elencare tutti i traguardi e risultati raggiunti, le promozioni e i successi ottenuti, i concorsi vinti, ecc. Prima di procedere, può essere utile consultare i profili di LinkedIn o i siti di colleghi o persone con caratteristiche simili alle nostre. In questo modo si scopriranno abilità, ignorate nella fase iniziale, che potremo aggiungere al profilo. Quando si riterrà di aver inserito tutto quello che abbiamo fatto, si avvia un processo inverso: si cancellerà tutto quello che non è rilevante al nostro obiettivo professionale corrente, che è il vero e proprio pilastro su cui basare l'intera attività di *personal branding*. Non si può essere bravi in tutto.

È questo il momento, dunque, di definire un obiettivo professionale concreto, che permetta di posizionarsi sul mercato del lavoro per essere più competitivi. Per chi è ancora in cerca di lavoro, va detto che un obiettivo professionale a lungo o medio termine non è affatto incompatibile con la ricerca a breve termine, che può essere urgente per far fronte alle necessità quotidiane, ma che è in ogni caso meno importante. Il *personal brand* va sviluppato soltanto dopo aver fissato questo obiettivo. In definitiva, la marca che si sceglie non è altro che il modo in cui si vuole essere percepiti professionalmente dagli altri, ovvero il posizionamento desiderato sul mercato del lavoro (che può essere diverso da quello attuale).

Una volta definito l'obiettivo professionale, è opportuno approfondire l'analisi e la riflessione su sé stessi. È probabilmente il passaggio più difficile, per diversi motivi. Innanzitutto, nella frenesia del lavoro quotidiano non si riesce quasi mai a dedicare spazio alla riflessione. È arduo fermarsi e mettere in discussione quello che si sta facendo, presi come si è dalla routine. In secondo luogo, si è sempre più incentrati sui risultati a breve termine, anziché su quello che motiva a lungo termine. Si osserva l'albero, ma sfugge il bosco. Per questi motivi, ma anche per una scarsa propensione di carattere culturale all'autoanalisi (pratica per lo più assente nelle scuole, per esempio), ci si ritrova ad avere forti difficoltà quando si affrontano tali esercizi d'introspezione.

Per rompere il ghiaccio si può ricorrere a un diffusissimo strumento di pianificazione strategica, la matrice SWOT (dall'inglese «Strengths, Weaknesses, Opportunities and Threats»), che si usa per definire e valutare i punti di forza, le debolezze, le minacce e le opportunità, ovvero tutti gli elementi che giocano a favore o contro sia da un punto di vista interno (debolezze e punti di forza), sia da un punto di vista esterno (minacce, opportunità). Per compilare la matrice si usa solitamente uno schema grafico che suddivide la pagina in quattro quadranti. Nel quadrante in alto a sinistra si indicano i punti di forza, in alto a destra i punti deboli, in basso a sinistra le opportunità e in basso a destra le minacce. In questo modo nella parte superiore si situano i fattori interni, in quella inferiore i fattori esterni, mentre la colonna sinistra indicherà i fattori positivi e quella a destra i fattori negativi. È possibile scaricare uno dei numerosi modelli presenti in rete. In particolare, si raccomanda quello offerto da Luigi Centenaro, uno dei pionieri del *personal branding* in Italia, chiamato *Personal SWOT Matrix* e disponibile sul suo sito (http://centenaro.it/2015/personal-swot-canvas), che contiene all'interno dei riquadri, sullo sfondo, alcune utili indicazioni che ne facilitano la compilazione.

Ci si potrebbe chiedere fino a che punto è opportuno mescolare hobby e lavoro quando si compila l'elenco dei punti di forza. Ci sono hobby che potrebbero essere utili anche a livello lavorativo, anche in virtù del fatto che il nostro obiettivo professionale deve essere legato a qualcosa che ci piaccia davvero, perché solo così potremo dare un vero valore aggiunto alla nostra clientela. In definitiva si tratta di trovare l'intersezione di tre insiemi rappresentati da:

- quello che mi piace fare;
- quello che so fare bene o che mi riesce bene;
- quello che la gente è disposta a pagare.

A questi insiemi, se ne può aggiungere un quarto:

- quello di cui il mondo ha bisogno.

Il concetto di valore aggiunto è fondamentale: identifica quei tratti che faranno spiccare un traduttore rispetto alla massa. Bisogna tener conto della propria formazione e delle abilità, ma anche essere capaci di adattarsi ai cambiamenti e di applicare le competenze acquisite nel tempo, anche quando non sono strettamente legate all'attività attuale. È altrettanto importante soffermarsi anche sul modo in cui si proiettano all'esterno gli attributi e i valori che ci contraddistinguono. A questo scopo può essere utile rispondere a due domande:

- Come credi che ti vedano gli altri?
- Come ti vedono davvero gli altri?

Naturalmente, per rispondere alla seconda è necessario ricorrere al parere sincero di amici, conoscenti e colleghi, che non sempre è facile da ottenere. Dalle risposte a queste due domande e dalla precedente definizione dei nostri punti di forza possiamo finalmente decidere come vogliamo essere percepiti dagli altri. La differenza fra la percezione attuale e quella desiderata diventerà dunque il nostro campo di lavoro principale. Per esempio, se abbiamo l'aspirazione di essere visti come esperti di tecnologia, ma ci rendiamo conto che il resto delle persone non coglie quest'aspetto, il nostro compito sarà quello di colmare questa differenza, magari iniziando a scrivere articoli sull'argomento o collaborando con testate di quell'ambito.

Dopo la stesura dei fattori, la cui difficoltà è dovuta più al grado di autoconsapevolezza necessario che alla dinamica dell'esercizio in sé, si dovrebbe proseguire con l'elaborazione di strategie o percorsi tesi a eliminare le debolezze, sfruttare i punti di forza, cogliere le opportunità e minimizzare le minacce. Ad esempio, se una minaccia consiste nell'uso sempre più massiccio della traduzione automatica, la si potrebbe trasformare in un'opportunità decidendo di frequentare un corso di post-editing. Oppure, se come punto debole riscontriamo la scarsa conoscenza di una lingua che non ci permette di lavorare in quella combinazione, questa può essere trasformata in un punto di forza decidendo di concentrarci esclusivamente sulle altre lingue, specializzandoci ulteriormente.

In questa fase molto probabilmente ci si renderà conto che mancano alcuni dati essenziali per poter condurre l'analisi esterna del mercato. Per realizzare quest'analisi si possono seguire varie strade:

- **cercare** in internet, sulle reti sociali e in vari blog inerenti al nostro mercato e, se ne abbiamo già individuata una, alla nostra nicchia;
- **consultare** fonti di notizie, in internet, ma non solo; sono particolarmente importanti le riviste di settore, non sempre disponibili online;
- **parlare** direttamente con colleghi, clienti e altri operatori del settore;
- **analizzare** le offerte di lavoro sui *marketplace* e sui portali specializzati.

Una volta completata la matrice SWOT, si può procedere usando un altro strumento assai interessante, il cosiddetto *Business Model Canvas*. Si tratta di un altro modello per la pianificazione strategica, inizialmente proposto da Alexander Osterwalder, che serve a documentare o sviluppare mediante uno schema grafico il modello di business di un'attività, ovvero il modo in cui genera e trasmette valore. Del *Business Model Canvas* esistono anche versioni specifiche ideate non per le aziende, ma per il *personal branding*: il *Personal Business Model Canvas* (www.personalbusinessmodelcanvas.it) e il *Personal Branding Canvas* (www.personalbrandingcanvas.com). Quali sono le differenze fra i due? Il *Personal Business Model Canvas* è un modello che rappresenta graficamente il modo in cui funziona un'attività, ovvero come si genera valore e come lo si trasmette. Il *Personal Branding Canvas* è invece un'estensione del precedente e serve a definire o analizzare il *personal brand*, a capire perché siamo speciali e a chi dobbiamo farlo sapere. Un'ulteriore variante del modello è quella realizzata dal consulente catalano Jordi Puigdellívol e chiamata *Business Model SCOPE*, che consente di rappresentare il modello di business di un'attività in modo più globale e intuitivo rispetto al *Business Model Canvas* tradizionale. Ha una prospettiva più globale, perché include componenti chiave per comprendere il modello di business che sono invece ignorati dal *Canvas* e allo stesso tempo è un modello più intuitivo perché l'organizzazione grafica lineare facilita l'identificazione delle relazioni fra gli elementi. Il modello è offerto con licenza *Creative Commons* e si può scaricare dal sito in inglese dell'autore (www.bizmodelscope.org).

La letteratura sull'argomento è molto vasta. Per approfondimenti, si consiglia di partire dal sito del già citato Luigi Centenaro (www.centenaro.it), da quello di Lorenzo Paoli (www.lorenzopaoli.me), autore del libro *Sei imprescindibile?* e da quello di Riccardo Scandellari (www.skande.com), autore di vari testi sull'argomento. Per quanto riguarda invece gli autori di lingua inglese, ne citiamo uno fra tutti, Seth Godin, autore fra gli altri di *Linchpin: Are You Indispensable?*. Per la lingua spagnola, rimandiamo invece al già citato sito di Andrés Pérez Ortega, (www.marcapropia.net).

Arrivati a questo punto, forti dei risultati delle analisi condotte, è giunto il momento di formulare la propria *unique selling proposition* (spesso abbreviata come USP), ovvero l'argomentazione esclusiva di vendita, quella caratteristica precisa che ci differenzia da tutti gli altri, che definisce il beneficio unico che offriamo noi alla nostra clientela.

Successivamente, è necessario attivarsi su tre fronti:

1. **seguendo corsi** di formazione relativi al campo che abbiamo deciso di approfondire;
2. **leggendo** testi sull'argomento;
3. **partecipando** a gruppi di discussione e forum specializzati online, e il loro equivalente nel mondo reale.

Queste tre azioni servono a aumentare le nostre competenze per poter iniziare a lavorare sui contenuti e rendere noto il nostro brand. Per usare la definizione di Pérez Ortega: «Il branding è la gestione adeguata e cosciente delle percezioni, ricordi e aspettative che vogliamo generare negli altri».

Intervista a Pablo Muñoz Sánchez, localizzatore di videogiochi

Pablo Muñoz Sánchez è un traduttore freelance spagnolo, specializzato nella localizzazione di videogiochi, app per dispositivi mobili, software e siti web, che ha iniziato la sua carriera passando direttamente dal *romhacking* a Nintendo of Europe, dove è stato assunto a soli 23 anni. Attualmente affianca all'attività di traduzione quella di formatore e relatore, partecipando a numerosi eventi del settore e pubblicando corsi per traduttori sulla piattaforma Traduversia. Il suo sito personale (http://pablomunoz.com) è un ottimo esempio di *personal branding*: tutto, dall'uso del font alle icone, richiama il mondo videoludico. Spicca la presentazione animata in puro stile *platform game*, che non lascia dubbi sul fatto che i videogiochi non siano solo una fredda specializzazione, ma la sua vera passione.

Come hai deciso di specializzarti nel tuo settore e perché?

In realtà ho la fortuna di non aver «deciso» di specializzarmi nei miei ambiti (la localizzazione di software e videogiochi, oltre che la tecnologia), dato che questi erano già i miei maggiori interessi nel tempo libero. A quell'epoca (10 anni fa) non mi misi a pensare se ci fosse o meno lavoro in questi due campi; semplicemente erano quelli che mi piacevano di più. Tuttavia, questo non sempre è possibile: l'ideale è specializzarsi in quello che piace, non in quello che offre più lavoro (benché possa succedere che sia il mercato a specializzarti e che si finisca per amare qualcosa che si credeva che non piacesse). È il miglior modo di sentirsi sicuri (soprattutto all'inizio) e di fare qualcosa che ti piace davvero, non soltanto che ti dà da mangiare.

Come hai trovato il tuo primo cliente? E il più recente?

Oltre alla mia prima esperienza lavorativa come traduttore in-house (ottenuta grazie al passaparola di altri impiegati che mi conoscevano dall'università), sia il mio primo cliente che l'ultimo (e quasi tutti, a dire il vero!) li ho ottenuti grazie a Internet. So di essere un privilegiato, ma finora quasi tutti i miei clienti mi hanno trovato attraverso il mio sito, LinkedIn, ecc. Perciò, anche se è difficile sapere se tutti gli sforzi e le risorse che si dedicano al proprio sito e alla presenza online saranno ricompensati, nel mio caso senz'altro ha funzionato, e per questo consiglio di fare altrettanto, purché si abbia tempo e voglia.

Se dovessi consigliare a un traduttore una singola azione da svolgere domattina, quale sarebbe?

Cercare clienti su LinkedIn e nella directory delle aziende di ProZ.com (non mi riferisco alle offerte pubblicate, che normalmente sono pagate poco) e provare a inviare mail a poco a poco per vedere se rispondono o meno alle proposte. In tal modo si potrà modificare man mano il testo di presentazione (che naturalmente dev'essere il più personalizzato possibile) fino a scoprire la formula che dà migliori risultati. Spedire il CV in massa non è la migliore decisione: bisogna dedicare un momento a ciascuna offerta e a ciascun cliente potenziale che si trova. Naturalmente, nel frattempo cercherei di formarmi e di creare un piccolo sito che funga da «biglietto da visita» (non è necessario che sia spettacolare; all'inizio è sufficiente qualcosa di basico).

Che cosa non rifaresti se tornassi indietro?

Ottima domanda! In realtà non mi pento di nulla, poiché tutto quello che ho fatto ha dato più o meno dei risultati. Forse mi sarebbe piaciuto lavorare più tempo all'estero, per praticare il mio inglese orale, poiché sono meno fluente a livello orale che nella lettura o nella scrittura (fortunatamente la maggior parte delle comunicazioni con i clienti avviene per email). Perciò consiglio a tutti coloro che possono farlo di viaggiare all'estero, sia per studio che per lavoro, per perfezionare le abilità linguistiche e, soprattutto, culturali. Nonostante abbia trascorso due anni in Germania quando lavoravo per Nintendo, avrei preferito trovarmi in un paese anglofono per poter perfezionare il mio inglese orale. Ho appreso moltissimo dall'ambiente multiculturale dell'azienda, ma se fossi stato negli USA, nel Regno Unito o in Irlanda (per esempio), i vantaggi sarebbero stati maggiori, dato che il tedesco non rientra fra le mie lingue di lavoro. Di fatto non ci fu tanto tempo per imparare il tedesco, perché mi concentrai sul lavoro, sullo studio e sulla vita sociale.

Quale caratteristica o quale capacità ritieni che sia determinante per avere successo in questa professione

Senza alcun dubbio, imparare e mettere in pratica quanto si impara. Il traduttore di successo deve essere curioso di natura, ma non basta seguire corsi e leggere molto (che è imprescindibile, naturalmente), bisogna anche mettere in pratica quanto si legge (narrativa esclusa, ovviamente). Ad esempio, se leggi un libro di programmazione, programma qualcosa. Se leggi un testo di marketing, prova a intraprendere qualche azione per promuoverti. Se segui un corso di web design, prova a crearti un sito. Si impara di più facendo che leggendo. L'aspetto più positivo è che in questo modo potrai specializzarti senza accorgertene in campi i cui testi potrai tradurre in futuro, perché già ne conosci la terminologia. Ad esempio, da qualche tempo ho letto molto e ho messo in pratica conoscenze di borsa e investimenti; anche se attualmente non ho bisogno di cercare nuovi clienti, credo che mi sentirei abbastanza a mio agio traducendo testi di tematica finanziaria. Per il momento queste conoscenze mi sono servite per imparare a gestire meglio i miei conti come traduttore freelance e i miei investimenti, aspetti che spesso passano in secondo piano perché ci si dimentica che un traduttore freelance è, in realtà, una microazienda, e gli aspetti finanziari sono sempre importanti.

Analisi e azioni

1. Ti sono ben chiari i tuoi obiettivi professionali a breve, medio e lungo termine? Quali sono?
2. Ritieni di avere tutte le competenze che ti richiede il mercato? Che cosa ti manca? In che cosa eccelli?
3. Disponi di dati specifici relativi al mercato delle traduzioni e della nicchia di specializzazione in cui operi o vuoi operare?
4. Che cosa volevi fare da grande? Che cosa vuoi fare oggi?
5. Usa uno o più degli strumenti proposti (matrice SWOT, *Business Model Canvas*, ecc.) per analizzare a fondo il tuo profilo e le tue aspettative, definendo il valore aggiunto che puoi apportare ai tuoi clienti come professionista esperto.

Il posizionamento: il punto di vista dei clienti

Prima di affrontare nei dettagli il processo di creazione dei contenuti mediante i quali ci proporremo sul mercato, è necessario introdurre un altro concetto essenziale, quello di *posizionamento*. In marketing il posizionamento nasce come attributo di un prodotto e si definisce come il luogo occupato da un prodotto nella mente del consumatore. Il concetto è stato poi estrapolato ai servizi, alle aziende, ai marchi e, nel caso che ci interessa, alle persone. Che posizione occupiamo nella memoria dei nostri potenziali clienti? Come ci si può differenziare dagli altri nella mente di chi dovrà comprarci?

Non si tratta dunque di un concetto legato alle intrinseche caratteristiche di un prodotto, ma al modo in cui tale prodotto o servizio viene percepito. In definitiva si tratta di rilevare, analizzare e, in ultima istanza, dirigere i pensieri dei potenziali clienti associati al servizio o prodotto che offriamo. Nel caso dei freelance, si devono considerare i pensieri dei clienti associati a noi stessi come marca. Nonostante possa far storcere il naso a qualcuno, dal punto di vista del cliente siamo anche noi un prodotto. Qualcuno ci acquista per soddisfare una necessità specifica. L'azione di «posizionarsi», che naturalmente può anche implicare una certa dose di cambiamento delle caratteristiche del prodotto, verte soprattutto sulla comunicazione, sul modo di raggiungere la fascia di pubblico che ci si è posti come obiettivo. Si deve far in modo che le associazioni legate al nostro nome, al nostro brand, siano quelle da noi volute e non siano lasciate al caso.

Un esempio classico usato per chiarire il concetto di posizionamento: si provi a dire a voce alta il primo sostantivo che viene in mente in risposta ad alcuni marchi. Volvo? Sicurezza. Apple? Innovazione. In un certo modo si può dire che Volvo «possiede» la parola «sicurezza», Apple, «innovazione», ecc. Questa associazione è il risultato di uno sforzo di marketing compiuto negli anni, addirittura nei decenni, non è certo il frutto del caso o delle circostanze. Ritornando al nostro caso, qual è il termine a cui vogliamo essere associati? Qual è l'attributo che vogliamo possedere? Nelle pagine successive vedremo il processo per arrivare al posizionamento desiderato. L'intero processo classico esposto nei testi canonici di marketing inizia dalla segmentazione del mercato, quindi continua con la scelta di uno o più segmenti di mercato come obiettivo, per poi affrontare la definizione del posizionamento e infine sviluppare il marketing mix per ciascun pubblico obiettivo.

Segmentazione, targeting e posizionamento

Partiamo dalla segmentazione. I liberi professionisti spesso commettono l'errore di voler attirare il maggior numero di clienti possibile, senza fidelizzare una clientela in particolare. Come si è visto, con questo atteggiamento si finisce per accontentare tutti e nessuno, ovvero si offre un servizio generico che chiunque altro potrebbe offrire. L'obiettivo da perseguire è invece quello di essere insostituibili. Il valore percepito cambia radicalmente quando nella mente della clientela si diventa la prima opzione associata a una caratteristica ben determinata e a un valore chiaro. Bisogna partire, una volta ancora, da questo valore, concentrando la comunicazione su quel qualcosa in più a livello di soluzioni ed esperienza che si può dare a un progetto mediante il proprio contributo. Questo valore non è soltanto la somma delle ore di lavoro spese su una specifica traduzione, un valore facilmente quantificabile e unico metro di giudizio in assenza di altri parametri. Non si deve cadere nella mancanza di argomentazioni per cui il solo fattore di differenziazione diventa la tariffa.

Il lavoro di comunicazione (e prima ancora quello di formazione) deve essere incentrato sul valore aggiunto. I clienti sono alla ricerca di soluzioni, non di traduzioni. Ai clienti non interessa avere il sito tradotto in un perfetto italiano, degno di Umberto Eco. Il cliente vuole vendere più prodotti sul mercato italiano e la traduzione è strumentale a questo obiettivo. Non serve essere i più veloci o i più economici o quelli più dotati da un punto di vista tecnico. O meglio, questi sono soltanto alcuni dei fattori in gioco. Il fattore principale è offrire un servizio che risolva il problema che ha in quel momento il cliente. Allo stesso tempo, il cliente deve avere la tranquillità di aver ricevuto un servizio che contribuisce a migliorare davvero la sua attività, a vendere di più.

Assodato dunque che non si può servire l'intero mercato potenziale allo stesso modo e con le stesse garanzie di qualità, si vedrà chiaramente che il passaggio previo al posizionamento è la *segmentazione* del mercato. È necessario cioè suddividere il mercato in gruppi che mostrano esigenze simili e che rispondono allo stesso modo alle strategie di comunicazione, e quindi possono essere soddisfatti adeguatamente dallo stesso servizio. Soltanto sapendo quale nicchia di mercato si vuole raggiungere si potrà elaborare una strategia di posizionamento adeguata. Questo lavoro d'analisi, che dovrebbe già essere iniziato con la lettura dei capitoli precedenti, è fondamentale per poter determinare il target, valutando l'importanza di un determinato segmento in base a fattori quali la dimensione, il tasso di crescita, il numero di concorrenti, le proprie risorse e così via, per poi selezionarlo come obiettivo della propria attività. In marketing questo processo viene definito *targeting*. È soltanto a questo punto, dopo la segmentazione e il *targeting*, che si avvia il lavoro di posizionamento del proprio brand.

Riassumendo quanto esposto finora, il nostro obiettivo sarà dunque quello di:

- **segmentare** il mercato potenziale e scegliere una nicchia di pubblico a cui rivolgersi;
- **delineare** un profilo professionale in linea con le esigenze di questo pubblico;

- **accrescere** il valore percepito del *personal brand*;
- **sottolineare** la forza del *personal brand* rispetto ai concorrenti.

Si raggiungerà più facilmente questo obiettivo cercando di riempire gli spazi vuoti nella mente dei potenziali clienti, scegliendo quindi un attributo ancora disponibile, anziché tentando di sostituirsi o di farsi associare a uno esistente. Questo attributo e quindi la posizione che verrà occupata dovrà essere semplice, rilevante, credibile e coerente. In questo libro trattiamo principalmente il posizionamento legato alla specializzazione in un ambito specifico, ma ci si può anche posizionare in altri modi, per esempio rivolgendosi a una categoria ben precisa di persone, diventando quindi una sorta di punto di riferimento. Oppure si può raccontare una storia completamente diversa dal resto, usando un approccio inconsueto per svolgere il proprio lavoro. Alcune delle categorie o strategie classiche di posizionamento sono:

- posizionamento per attributi del prodotto (superiorità rispetto alla concorrenza in un ambito specifico, p. es. Volvo, la «più sicura»);
- posizionamento per occasione d'uso (prodotto o servizio diverso da quello comune, p. es. aceto balsamico rispetto agli aceti tradizionali, oppure interpretariato telefonico per incontri d'affari rispetto all'interpretariato tradizionale);
- posizionamento in funzione di una categoria di utenti (p. es. servizi solo per agenzie o solo per una certa categoria di aziende);
- posizionamento in diretta concorrenza con un altro servizio (p. es. molti traduttori si vendono come alternativa a Google Translate);
- posizionamento determinato dalla classe di appartenenza (p. es. scegliere di non vendere i servizi di traduzione in quanto tali, ma di inserirli in un pacchetto di servizi più ampio).

Alcuni esempi di posizionamento

Per concludere analizziamo due esempi, molto lontani fra loro, di posizionamento riuscito. Il primo esempio parte dal concetto che se non si trova una categoria con cui identificarsi, la si dovrebbe inventare. Per esempio, se la categoria di traduttore giuridico non sembrasse sufficiente a differenziarsi, si potrebbe restringere ancor più il campo presentandosi come traduttori specializzati in cause legate all'ambiente, una sorta di traduttore eco-difensore. Un esempio che riguarda gli autori di questo libro da vicino è legato alla stesura del manuale intitolato *Guida completa a OmegaT: tecniche, trucchi e consigli per traduttori e project manager* dedicato al programma open-source di traduzione assistita. Questo progetto, nato alla fine del 2010, fu il risultato di una riunione strategica in cui si giunse alla conclusione che per poter vendere servizi di consulenza e formazione diretti alle agenzie e ai freelance era necessario posizionarsi in modo più chiaro come esperti di tecnologia applicata ai processi di traduzione. E quale modo migliore di dimostrarlo che scrivere un intero manuale su una tecnologia di traduzione assistita? In seguito alla pubblicazione del manuale giunsero vari inviti a conferenze e convegni, ulteriori occasioni utili per posizionarsi chiaramente, quanto meno per una nicchia ristretta di pubblico, come esperti di questo programma.

Un altro esempio è legato a una vicenda di qualche anno fa. Nel 2013, la cantante americana Miley Cyrus fece scalpore a causa di una performance per certi versi indimenticabile sul palco degli MTV VMA Awards. A prescindere dai giudizi sull'immagine della donna proiettata da chi in passato si presentava come modello per le adolescenti nei panni di Hannah Montana, la vicenda costituisce un ottimo caso di studio anche per chi opera in un settore che non ha niente a che vedere con la musica. Ci sono alcuni aspetti che rendono l'operazione molto riuscita dal punto di vista del marketing. Vediamoli.

In qualunque settore professionale, l'immagine è fondamentale. Ovviamente a un linguista non si chiedono gesti di esibizionismo per richiamare l'attenzione dei potenziali clienti. Tanto meno ci si può aspettare che una sua performance possa creare milioni di visualizzazioni su YouTube, perché in fin dei conti il settore dei servizi linguistici non ha questo bacino potenziale di utenti. Tuttavia, non bisogna sottovalutare il potere dei contenuti dirompenti: un articolo polemico sul proprio blog o qualche commento dissacrante o sorprendente possono creare un effetto a valanga, che contribuirà quanto meno a farci conoscere. Naturalmente bisogna trovare un equilibrio fra «sterile polemica» e «accesa discussione». Il consiglio è quello di esaminare i profili dei guru del nostro settore, i colleghi più attivi sui social media. Si vedrà che gli articoli o i tweet più diffusi spesso contengono un'opinione forte, un giudizio laconico. Il giudizio che non ammette repliche paradossalmente genera più eco dei generici inviti al dibattito. Una volta che si getta il sasso nello stagno dei social, bisogna essere pronti a ricevere le possibili ondate di ritorno, che possono durare anche a lungo. Scatenare il dibattito in questo modo richiede una certa propensione al rischio. Il calcolo da effettuare è semplice: pesa di più il beneficio in termini di pubblicità indotto dall'affermazione discutibile o l'ostracismo di una fetta di utenti che prenderà male questo assalto alla neutralità?

Un'altra lezione da imparare è l'importanza del posizionamento. Hannah Montana nasce come star per ragazzine, quindi basa la sua fortuna su un pubblico in evoluzione (per lo meno anagrafica). Per mantenerlo è necessario adeguarsi al suo cambiamento. Ecco dunque che dall'acqua e sapone si passa al latex (per semplificare). È dunque essenziale conoscere il proprio mercato e cercare di proiettare l'immagine ricercata da questo mercato. Ciò implica anche ignorare le lamentele di chiunque non appartenga al proprio target. Una volta di più: non si può accontentare tutti.

Un altro elemento essenziale della studiatissima manovra di Miley Cyrus è il tempismo. Non a caso, appena dopo il concerto incriminato oggetto di questa analisi uscì il suo nuovo singolo, «Wrecking Ball», balzato in vetta alle classifiche sull'onda dell'*hype* generato dall'esibizione a MTV. Quindi prima di lanciare la prossima provocazione, bisogna pensare allo scopo ultimo: che cosa si vuole vendere? Qual è l'obiettivo della manovra? La polemica fine a se stessa potrà portare ai quindici minuti warholiani di notorietà, ma non aumenterà il conto corrente, a meno che non si abbia pronto il prodotto o il servizio giusto da far seguire alla sopraggiunta notorietà.

L'ultimo aspetto è l'importanza della pianificazione. L'interesse e la curiosità generati dal concerto della Cyrus vennero amplificati su tutti i social network. Sicuramente dietro a questa diffusione c'era un esercito di dipendenti dell'ufficio marketing con obiettivi e programmi dettagliati. Un singolo linguista non può giocarsi questa carta, ma può comunque programmare tutta una serie di retweet e di condivisioni automatiche per amplificare al massimo il messaggio e renderlo davvero virale.

Questo esempio, come moltissimi altri presenti in rete (che dobbiamo essere pronti a cogliere e ad analizzare) ci dicono che occorre ripensare il nostro atteggiamento professionale: grazie a internet non siamo più artigiani rinchiusi in una torre d'avorio, ma abbiamo a disposizione moltissime risorse prima riservate soltanto ai grandi nomi e alle grosse aziende. Con umiltà e una dose di creatività, si possono trovare centinaia di occasioni utili per migliorare il nostro posizionamento e, di riflesso, per far crescere la nostra attività.

Intervista a Maria Pia Montoro, terminologa

Maria Pia Montoro, laureata in Lingue e Letterature Straniere e Master in traduzione e interpretariato, lavora attualmente come terminologa e web content manager al Parlamento Europeo. Da sempre ha coltivato la sua passione per la ricerca in ambito linguistico e la terminologia, sfociata in un blog, WordLo (http://recremisi.blogspot.com), diventato vero e proprio punto di riferimento per chiunque s'interessi di tecnologia applicata alla terminologia, in cui raccoglie opinioni, risorse e cronache di eventi. Un caso davvero emblematico di posizionamento riuscito.

Come hai deciso di specializzarti nel tuo settore e perché?

Perché ho notato che la terminologia era il *fil rouge* della mia vita. Dopo essermi laureata in Lingue e Letterature Straniere presso l'Università di Roma «La Sapienza», ho deciso di frequentare un master in traduzione e interpretariato con specializzazione in ambito giornalistico, sempre a Roma, dove ho scoperto per la prima volta la terminologia. Successivamente, ho lavorato per tre anni come traduttrice di articoli pubblicati sulla stampa estera, specializzandomi in finanza e terrorismo. In tale occasione, ho messo in pratica ciò che avevo imparato durante il master: adottare la terminologia relativa ad ogni settore, sia per fornire traduzioni di qualità, sia per adottare lo stile e il linguaggio tecnico dei clienti che usufruivano dei testi tradotti. In seguito, mi sono occupata della rassegna stampa del Dipartimento del Tesoro e del monitoraggio delle agenzie di stampa, selezionando gli articoli e le pubblicazioni attraverso le parole chiave evidenziate dal software utilizzato per il monitoraggio delle news. Ho curato la gestione dei contenuti web di siti istituzionali, quali quelli della Ragioneria dello Stato e della Corte dei Conti. Alla fine ho notato che tutto ruotava attorno all'utilizzo di parole chiave: per l'indicizzazione dei contenuti, per la loro archiviazione, per la pubblicazione nelle diverse sezioni dei siti, per la ricerca e il monitoraggio dei flussi di agenzie di stampa. Alla fine, quindi, tutte le mie esperienze di lavoro mi portavano verso la terminologia. Nel 2011, decido di inviare la mia candidatura per il tirocinio organizzato presso la Terminology Coordination Unit del Parlamento Europeo, della durata di sei mesi.

Come hai trovato il tuo primo lavoro? E il più recente?

Quando frequentavo il master in traduzione giornalistica, io e una mia amica abbiamo trovato un annuncio di lavoro in bacheca: cercavano addetti alla rassegna stampa estera. «Favoloso!» abbiamo pensato, «noi stiamo frequentando un master in traduzione giornalistica, questo è esattamente ciò che fa per noi!» E così ci siamo subito candidate e ci hanno subito assunto. Inizio, quindi, questa nuova avventura, un'avventura davvero dura considerando che la mattina si cominciava a lavorare alle 5:30 del mattino, sabato incluso! I ritmi erano serrati, i clienti super esigenti e con richieste urgentissime. Ho lavorato lì per tre anni, ho amato davvero quel lavoro e ho imparato tantissimo. Traducevo news dalla stampa estera e mi ritenevo fortunata di essere pagata per leggere e tradurre articoli di giornali! L'ultimo e attuale datore di lavoro è il Parlamento europeo. Ho inviato la mia candidatura mettendo in evidenza il mio blog «WordLo» e il mio profilo Twitter @WordLo. Il blog e Twitter sono stati molto più efficaci del (solo) CV perché dimostravano in tempo reale e con dati tangibili cosa leggevo, cosa scrivevo, cosa mi appassionava. Quando ho inviato la mia candidatura per l'agognato tirocinio, sono stati proprio il blog e Twitter i fattori determinanti della scelta.

Se dovessi consigliare a un traduttore una singola azione da svolgere domattina, quale sarebbe?

Disimparare, nel senso di perdere le abitudini, accantonare gli schemi, essere flessibili al cambiamento. Disimparare la tecnologia che si usa. Disimparare le nostre competenze e conoscenze. Quello che si impara oggi sarà obsoleto fra una decina d'anni. In effetti, i primi 10 posti di lavoro più richiesti oggi non esistevano 10 anni fa. Quando diciamo che viviamo in un mondo che cambia, sottovalutiamo quanto veloce sia il ritmo e quanto vasto sia il cambiamento. Naturalmente non è solo la tecnologia che sta cambiando il mondo. Profondi cambiamenti sociali, nella struttura familiare, la globalizzazione ecc. rendono davvero difficile immaginare come sarà il mondo del lavoro fra 10 anni. Non si tratta solo di tenere il passo con la velocità del cambiamento, ma bisogna puntare alla qualità del cambiamento stesso. La nostra capacità di adattamento ai cambiamenti e il modo proattivo di modificare la nostra carriera sono ciò che farà la differenza cruciale fra come siamo e come saremo fra qualche anno. Siamo tutti nati con un intenso desiderio di imparare, ma qualunque sia la ragione, una volta che le basi sono coperte, tendiamo a soffermarci e limitarci a ciò che sappiamo, evitando situazioni o sfide dove possiamo essere costretti a imparare qualcosa di nuovo. Ci si crea un mondo sicuro, sicuro e comodo per se stessi. Diciamo di essere aperti al cambiamento, ma facciamo del nostro meglio per evitarlo, rischiando di pagare caro questo ritardo in futuro. Per avere successo è necessario essere in un costante processo di adattamento: continuare a disimparare vecchie regole e imparane di nuove, in modo da essere sempre aggiornati e competitivi nel nostro lavoro. Quando le regole cambiano velocemente, la nostra capacità di abbandonare quelle vecchie per apprendere quelle nuove è fondamentale. L'agilità di apprendimento è la chiave per migliorare le nostre competenze, riuscendo ad adattarci in un ambiente incerto, imprevedibile ed in continua evoluzione. Iniziamo, quindi, a pensare a quante cose possiamo disimparare nel nostro lavoro e nella nostra vita nel corso dei prossimi dodici mesi!

Che cosa non rifaresti se tornassi indietro?

Sicuramente eviterei di dedicarmi con superficialità a quelle attività che non mi piacevano. Mi rifiutavo di applicarmi nelle mansioni che non mi entusiasmavano. È normale, lo so, ma come ho detto prima, bisogna imparare a fare tutto e uscire fuori dalla *comfort zone*. Mi è capitato di occuparmi di attività che odiavo, avrei invece dovuto rilassarmi, mettere le cuffiette, ascoltare della musica e lavorare con calma. Alla fine ci serve tutto e tutto ci ritorna utile, anche se non c'entra nulla con la nostra attività principale! Spesso, proprio le attività odiate al momento, possono servire ad affrontare con più tranquillità alcuni dei problemi che si incontreranno in futuro.

Quale caratteristica o quale capacità ritieni che sia determinante per avere successo in questa professione?

Investire nel caffè! Detta così sembrerebbe una battuta, ma io sono realmente convinta dell'importanza del prendersi un caffè con qualcuno! Il caffè è fondamentale per costruire reti di contatti. È il modo più efficace per creare sinergie sia con i nostri colleghi sia con coloro che hanno un'attività complementare alla nostra (direi anche completamente diversa). Più che di contatti sarebbe il caso di parlare di relazioni. Perché non si tratta di conoscere quanta più gente possibile, ma di coltivare delle relazioni di qualità. Parlo per esperienza personale... Due volte, da un semplice caffè, ho ricevuto informazioni preziosissime che mi hanno condotto a un nuovo lavoro; altre volte sono nati progetti, idee, collaborazioni. Io parlo del caffè perché amo il caffè, ma ovviamente potete investire anche nel tè o meglio ancora in una birretta!

Analisi e azioni

1. Qual è la caratteristica dei miei servizi che li rende diversi da quelli offerti dagli altri linguisti? Rispondi scrivendo meno di due frasi. Poi con una sola frase. Concentrati sull'abbinamento fra caratteristiche intrinseche e vantaggi per il cliente.
2. Hai mai eseguito una ricerca del tuo nome e cognome su Google? Che risultati compaiono? Rispecchiano quello che ti senti?
3. Esistono professionisti o agenzie che hanno un posizionamento analogo a quello che vorresti adottare?
4. Gli aggettivi che hai scelto per posizionarti sono davvero importanti per il tuo pubblico obiettivo?
5. Quello che offri in termini di servizi è effettivamente in grado di mantenere la promessa che stai trasmettendo o vuoi trasmettere con il tuo posizionamento? Se sì, in che modo? Se no, come pensi di allineare i tuoi servizi alla tua promessa?

_____

_____

_____

_____

_____

_____

_____

Creare: il curriculum vitae

Abbiamo detto che il processo di *personal branding* si può articolare in quattro fasi, Scoprire, Creare, Comunicare e Mantenere. In questo capitolo e nei tre successivi ci concentreremo sulla seconda fase, quella della creazione dei contenuti con cui dovremo trasmettere la nostra unicità. Il primo strumento a disposizione per comunicare il nostro brand è il curriculum vitae, nelle sue molteplici varianti e incarnazioni.

Partiamo dal curriculum vitae e dal parere di un collega, Michael Farrell. Farrell è un traduttore specializzato in traduzioni tecnico-scientifiche e transcreation, nonché sviluppatore dell'utile programma per la ricerca terminologica *IntelliWebSearch*. In occasione di varie conferenze ha presentato un intervento intitolato «A freelance translator needs a CV like a fish needs a bicycle», in cui sostiene che presentarsi con un curriculum vitae può essere addirittura controproducente per un traduttore. La tesi alla base dell'intervento è che un traduttore dovrebbe proporsi come un qualsiasi altro fornitore di servizi, con materiale promozionale e non con un semplice curriculum. Farrell sostiene infatti la maggiore adeguatezza di una brochure o di un sito rispetto al CV, riprendendo il concetto già espresso da Tom Peters nel suo articolo del 1997.

In realtà si tratta di una finta polemica. Arrivati a questo punto si dovrebbe aver compreso che il curriculum è soltanto uno dei modi di presentare le proprie competenze e abilità. È comunque illuminante che un collega giochi con questa polemica, perché significa che nel nostro settore il concetto di «vendersi come professionisti» non è ancora dato per scontato. Si immagini che reazioni susciterebbe lo stesso intervento se fosse presentato in un convegno di avvocati o di architetti.

Una volta di più, il tipo di supporto con cui convogliare il messaggio non dipende dalle nostre idiosincrasie, ma dal target del messaggio stesso. Moltissime agenzie di traduzione continuano a basarsi sui curriculum (e a richiederli) per standardizzare i loro processi di selezione. Se il nostro target sono le agenzie (ma anche gli enti governativi, ad esempio), e queste vogliono il curriculum, diamo loro il curriculum. Non c'è molto altro da aggiungere.

Evoluzione del CV

La definizione classica di curriculum vitae dice che è un «documento orientato alla ricerca di lavoro che riassume i dati personali e quelli relativi alla formazione e alle esperienze professionali di una persona». Questo concetto tuttavia è diventato obsoleto, in quanto il curriculum è sempre più uno strumento dinamico che evolve con la persona. Non si limita più a descrivere una situazione, ma deve essere una vetrina in continuo aggiornamento.

Il curriculum deve essere perciò sempre aggiornato e pronto per poter essere consegnato se necessario, anche se non siamo in una situazione di ricerca attiva di clienti o di lavoro. Può darsi il caso che un cliente esistente ci richieda il curriculum per poter partecipare a una gara d'appalto o a un concorso pubblico, oppure semplicemente perché sta rinnovando il sistema di gestione dei contatti dei fornitori.

Il curriculum è soltanto una delle forme di presentarsi, assieme al sito web, a una brochure, a una presentazione o a un video. Ogni tipo di documento risponde a una situazione e a un target specifici. Il curriculum continua ad essere utile se ci si vuole presentare alle agenzie sia come freelance, sia per essere assunti come collaboratori interni. Una brochure o una presentazione più o meno elaborate risultano più efficaci se ci si vuole proporre ai clienti diretti. Un sito web dovrebbe essere invece un contenitore di tutto quello che vogliamo comunicare ai nostri potenziali clienti e ai nostri contatti in generale. Nulla vieta di avere più di un sito, così come si dovrebbe avere un curriculum per ogni pubblico di destinazione.

Il curriculum vitae da tempo non è più soltanto un documento cartaceo, ma in senso lato è diventato l'insieme delle informazioni che i motori di ricerca danno di noi a chi ci cerca online. Questo cambiamento tecnologico in corso non ci deve prendere alla sprovvista. Che ci piaccia o meno, siamo ciò che Google dice di noi. Una pratica consigliata, soprattutto prima della revisione del curriculum, è quella di cercare se stessi online (il cosiddetto *egosurfing*). Si consiglia di realizzare questa ricerca periodicamente per assicurarsi che i risultati siano pertinenti e che non ce ne siano troppi che rovinano la nostra reputazione. Esistono anche strumenti che facilitano questo lavoro di monitoraggio costante, ad esempio BrandYourself (http://brandyourself.com).

La reputazione online è un altro aspetto, che esula dagli scopi di questo testo, che non va assolutamente sottovalutato. In estrema sintesi, si può dire che ci si dovrebbe comportare in internet allo stesso modo in cui ci si dovrebbe comportare nel mondo reale, ovvero evitando di compiere azioni o di pronunciare frasi di cui ci si potrebbe pentire in futuro e mantenendo una certa coerenza fra affermazioni e comportamento.

Un solo curriculum non è abbastanza

Quando si prepara un curriculum è fondamentale personalizzare il testo in base allo scopo e al destinatario. Quindi non si avrà più un solo curriculum standard per tutte le occasioni, ma almeno due o tre varianti a seconda delle offerte a cui si risponde. Questo stesso concetto si può applicare anche al sito web: se si decide di operare in diversi settori, si può scegliere di creare più minisiti, ciascuno incentrato su un diverso settore, inoltrando ai potenziali clienti di volta in volta il link più appropriato.

Come consiglia Marta Stelmazsak, collega traduttrice polacca il cui blog è una lettura raccomandata, nel suo ebook *Curriculum itae that works in the translation industry* (http://wantwords.co.uk/school/lesson-57-you-need-a-cv-that-works-ebook-oncv-writing-in-translation-2/), si può avere un CV per:

- un singolo progetto come freelance;
- una collaborazione a lungo termine con un'agenzia;
- una collaborazione con un cliente diretto;
- una posizione in un'agenzia.

Altri, come Lorenzo Paoli nel suo libro *L'interprete e il traduttore: un lavoro e una passione*, consigliano di averne almeno due versioni (e di tenerle entrambe aggiornate), una sintetica e una dettagliata. Quella dettagliata dovrebbe essere usata come «serbatoio» per alimentare la versione sintetica.

Quanto dovrebbe essere lungo il curriculum? Su questo argomento c'è una certa uniformità di opinioni. Tutti gli esperti sono concordi nell'affermare che il curriculum non dovrebbe superare le due pagine, addirittura si dovrebbe riuscire a condensare i propri punti di forza e le esperienze principali in una sola.

Un altro aspetto importante nell'elaborazione del curriculum è il rispetto delle convenzioni di ciascun paese. È importante conoscere quali sono le peculiarità di un curriculum indirizzato alle agenzie del paese con cui vogliamo collaborare. Per esempio, la struttura di un curriculum per il Regno Unito è solitamente diversa da quella italiana. In alcuni paesi tutti i curriculum con foto o con elementi che possono causare discriminazione vengono automaticamente scartati. In altri, vengono scartati quelli senza foto. Insomma, bisogna indagare e poi adattarsi. Non vanno sottovalutati alcuni aspetti tecnici, come il filtraggio per parole chiave. Alcune società operano con processi altamente automatizzati: quando pubblicano un'offerta online in cui si richiede la conoscenza specifica di un programma, la massa dei curriculum ricevuti è filtrata automaticamente escludendo tutti i CV che non includono il nome del programma nel corpo del testo. Un motivo in più per prestare particolare attenzione alla grafia dei programmi informatici e di tutti i nomi propri o commerciali inseriti nel curriculum.

Quali sono le sezioni che non dovrebbero mancare in un curriculum? Innanzi tutto si dovrebbero indicare i dati personali (ridotti all'essenziale):

- nome e cognome;
- nick o URL dei social media su cui si è presenti e che sono coerenti con il pubblico a cui si invierà il CV (è inutile inserire il profilo di Snapchat se ci si propone a un'agenzia specializzata in traduzioni legali, per esempio, mentre potrebbe essere appropriato se la candidatura è indirizzata a una società di marketing digitale per il settore della moda);
- URL del proprio sito o profilo online;
- un solo numero di telefono, quello a cui si è reperibili;
- una foto ben illuminata, professionale e sobria (se richiesta o in linea con le abitudini del pubblico a cui si invierà il CV); su questo punto torneremo a breve.

È consigliabile anche mettere in evidenza il titolo professionale con cui ci si presenta (per es. «Traduttore scientifico EN → IT»), così come un profilo riassunto in due o tre frasi al massimo, oppure un obiettivo professionale che sintetizza entrambe le cose.

La sezione successiva dovrebbe essere quella dell'esperienza professionale, espressa sottolineando i risultati, i successi raggiunti, tralasciando tutto quello che non aggiunge valore. Di seguito andrebbero evidenziati gli studi e la formazione, quindi non soltanto il titolo universitario e gli eventuali master, ma anche i corsi di sviluppo professionale seguiti. A seguire, le conoscenze informatiche, prestando attenzione alla grafia dei programmi, a indicare le versioni specifiche se ciò è rilevante per la candidatura e tralasciando indicazioni generiche o che dimostrano scarsa consapevolezza (per es. «Livello alto di internet»). Un'altra sezione che viene particolarmente apprezzata dai reclutatori è quella dedicata alle affiliazioni, ovvero l'elenco delle associazioni e gruppi di categoria a cui siamo iscritti. Un traduttore attivo in questo senso dimostra di avere consapevolezza del proprio settore e professionalità. Infine, se abbiamo pubblicato articoli o testi rilevanti, è bene indicarli nel curriculum.

Per quanto riguarda gli hobby, come già accennato, ha senso inserire nel curriculum soltanto quelli che forniscono qualche indicazione in più sul modo in cui affrontiamo gli impegni, o che ci qualificano ulteriormente per un certo lavoro. Per esempio, scrivere «Amo il cinema» non dice niente di personale sul nostro conto. «Ho fondato e diretto un circolo cinematografico dal 1995 al 2002, curando le rassegne e scrivendo le schede informative dei vari film» dimostra invece alcune competenze che potrebbero non emergere dalle esperienze puramente lavorative. Allo stesso modo, se ci si sta proponendo a una casa editrice specializzata in testi sulla montagna, indicare che si è soci del Club Alpino Italiano e che si ha partecipato a un certo numero di scalate di gruppo darà un'indicazione precisa del nostro livello di passione per l'argomento.

Quindi, schematizzando, queste sono le sezioni di base:

- Dati personali
- Foto
- Titolo professionale o definizione breve del profilo o obiettivo professionale
- Esperienze lavorative
- Studi e formazione
- Strumenti informatici
- Affiliazioni
- Pubblicazioni
- Hobby

In chiusura o nel piè di pagina, non bisogna dimenticarsi di inserire l'autorizzazione all'utilizzo dei dati personali (il riferimento per l'Italia è il Decreto Legislativo 196/2003). Basta una frase come «Autorizzo il trattamento dei dati personali ai sensi del D. Lgs. 196/2003», non c'è bisogno d'altro. Se il CV va inviato a organizzazioni di altri paesi, informarsi sulla necessità di inserire o meno riferimenti simili adeguati alla legislazione locale.

Peculiarità del curriculum di un linguista

In che cosa si distingue il curriculum vitae di un linguista da quello di un altro professionista? Vi sono alcuni elementi che non dovrebbero mai mancare, in primo luogo le lingue di lavoro. Per indicare il livello di competenza in ciascuna lingua è consigliabile usare il quadro comune europeo di riferimento per le lingue (A1-C2) o semplificare ulteriormente usando aggettivi chiari (medio, alto, nativo). Il quadro è disponibile online sul sito di Europass (http://europass.cedefop.europa.eu/it/resources/european-language-levels-cefr). Per ogni lingua si dovrebbe indicare come si è ottenuta la competenza per potervi lavorare, specificando titolo e centro di studi in cui lo si è ottenuto. In linea di massima si consiglia di scrivere i nomi delle lingue per esteso, poiché non sempre chi vaglia il curriculum conosce le sigle delle lingue. Se fosse necessario abbreviare le lingue per ragioni di spazio, conviene usare i codici ISO, evitando il ricorso ad abbreviazioni di fantasia.

Un linguista inoltre dovrebbe indicare nella sezione «Esperienze lavorative» qualche esempio dei lavori svolti, o quanto meno i settori di specializzazione. Si sconsiglia di elencare tutti i progetti a cui si ha partecipato, che allungherebbero considerevolmente il curriculum. È preferibile indicare nella lettera di accompagnamento che si possono fornire ulteriori dettagli in merito.

Se non esistono vincoli di riservatezza, è sempre utile indicare i clienti principali per cui si lavora, specificando se si tratta di agenzie o di clienti diretti. Insistiamo sull'importanza di quantificare i risultati raggiunti, ad esempio indicando il numero di parole tradotte, i progetti gestiti, gli anni di esperienza, ecc.

La sezione «Formazione» andrebbe completata indicando anche i soggiorni all'estero più significativi, privilegiando quelli più lunghi ed eventualmente accorpando quelli più brevi in una nota («Ho trascorso ogni anno dal 2010 al 2013 più di tre settimane estive in Irlanda attraverso programmi di scambio»).

Se si è traduttori tecnici, nell'apposita sezione si dovrebbero elencare gli strumenti informatici che si padroneggiano, indicando il grado di familiarità con ciascuno. Se possibile, rendere oggettiva questa valutazione, ad esempio citando i certificati posseduti. Indicare inoltre di quali strumenti si possiede una licenza valida, specificando l'esatta versione. Questa indicazione servirà al committente per filtrare i candidati nel caso in cui per un progetto sia necessario un particolare strumento, come spesso accade con i CAT tool.

Errori da evitare

Negli anni, chi scrive ha visto una serie incredibilmente lunga di errori presenti nei curriculum ricevuti direttamente o esaminati per conto terzi. Quello che segue è un elenco non completo, ma certamente rappresentativo.

Errori di carattere generale

Plagiare CV altrui (a livello di formato o a livello di contenuti). Se prendere ispirazione dallo stile di un curriculum di un collega può essere un modo di stimolare le proprie idee, occorre non superare mai il limite fra «ispirazione» e «copia». E se copiare il formato è un errore tutto sommato veniale, plagiarne i contenuti è del tutto controproducente. Alcuni imprenditori senza scrupoli hanno reso il plagio di curriculum una prassi generalizzata su cui costruire un'attività illecita. I dettagli della vicenda sono reperibili sul sito Translator Scammers Directory (http://www.translator-scammers.com).

Allegare al CV altri documenti non richiesti. Attenersi alle indicazioni ricevute. In mancanza di istruzioni, il CV va inviato a sé stante, accompagnato soltanto dalla lettera di presentazione (che corrisponde con il testo della mail se si invia per posta elettronica).

Scrivere «Curriculum Vitae» più grande di tutto il resto, come titolo del curriculum. Un selezionatore sa che documento si trova di fronte, è inutile segnalarlo. Inoltre si spreca spazio prezioso.

Usare un indirizzo di posta elettronica poco professionale (ad. es. «fiorellino89@hotmail.com»). Se non si può indicare un indirizzo email con il proprio nome a dominio (ad es. «info@nomecognome.com»), quanto meno se ne usi uno di un provider gratuito ma con il proprio nome e cognome («nome.cognome@gmail.com»). Se si ha un nome piuttosto comune, giocare di fantasia, aggiungendo qualche cifra o, al limite, il termine «translator» o simili.

Usare un font poco professionale. Comic Sans è bandito. Usare un font classico, al limite due, uno con le grazie per il corpo del testo e uno senza grazie per i titoli (o viceversa). Esistono infinità di siti che propongono abbinamenti di caratteri tipografici equilibrati. Uno particolarmente utile, che suggerisce coppie di font fra quelli offerti da Google, è Font Pair (http://fontpair.co/).

Font troppo grande o troppo piccolo. Usare un carattere punto 9, 10 o 11. Usare un punto troppo grande sembra un espediente per riempire il foglio, usarne uno troppo ridotto attirerà le ire dei selezionatori, costretti a strabuzzare la vista.

Inserire troppi dati personali. Alcuni considerano inutili nazionalità, sesso, data e luogo di nascita, stato civile, numero ed età dei figli, indirizzo esatto di residenza. Se un dato non serve a differenziarvi, probabilmente è meglio escluderlo. Il fatto di essere coniugati o meno non dovrebbe essere una variabile di cui tener conto (anche se purtroppo a volte lo è).

Inserire più di due numeri di telefono o più di un indirizzo email. Inserire un numero di cellulare, al limite il fisso se si è reperibili alternativamente a uno o all'altro numero. Non indicare più di una mail. Mettere soltanto quella a cui si ricevono i messaggi abitualmente e da cui si risponde più spesso.

Lasciare errori nei dati, ad esempio scrivere l'email o il numero di telefono con un refuso. Ci si gioca la possibilità di essere contattati, per cui, se proprio deve sfuggire un errore, che non sia in questi dati.

Scrivere nel modo scorretto i nomi dei programmi informatici. Non si scrive «Power Point», né «Powerpoint», ma «PowerPoint», ad esempio. Come promemoria, i nomi ufficiali dei CAT tool più diffusi sono:

- SDL Trados Studio (seguito dall'anno della versione, ad es. «SDL Trados Studio 2017»;
- memoQ;
- OmegaT (senza spazi, né trattini dopo «Omega»);
- Wordfast Professional (non «WordFast»);
- Déjà Vu.

Elencare attività generiche («email», «navigazione su internet») o programmi obsoleti o comunissimi («Outlook Express», «Mozilla Firefox») tra le competenze informatiche.

Mostrare sciatteria nel linguaggio, sbagliare registro nel modo di presentare le informazioni («AntConc, OmegaT, un pochino di Trados»).

Sfoggiare eccessi creativi. Si raccomanda di non esagerare nell'uso dei colori o delle immagini decorative (greche, loghi, bordi, ecc.).

Usare lo spazio bianco in modo incoerente. Il curriculum deve essere equilibrato anche dal punto di vista grafico. Un uso razionale degli spazi vuoti è fondamentale per raggiungere questo equilibrio. Non lasciare margini troppo risicati o troppo estesi. Affidarsi a un manuale di grafica o usare un modello già esistente per non incorrere in errori grossolani.

Inviare il curriculum in un formato editabile (ad esempio in Word) anziché in PDF. Il PDF è pensato per la stampa, per cui inviando il CV in questo formato ci si assicura che esso manterrà sempre l'aspetto che desideriamo, a prescindere dal supporto sul quale viene letto o effettivamente stampato.

Inserire foto di bassa qualità sia artistica, sia a livello di risoluzione. Non usare la fototessera della patente (o addirittura una foto scattata con il cellulare alla fototessera), foto di matrimoni, foto in cui si vedono le spalle nude e non si vede cosa c'è al di sotto (sembra che siamo nudi del tutto), espressioni ebeti o costruite, foto con parenti, amici o animali domestici. Per vedere un campionario di esempi negativi si consiglia di aprire a caso LinkedIn. La media è spaventosamente bassa, benché un servizio fotografico professionale (da cui poi scegliere una foto rappresentativa) costi meno di 100 euro. Usare una risoluzione adeguata alla stampa (300 ppp), ma non esagerata, perché potrebbe gonfiare a dismisura le dimensioni del file PDF.

Presentare un CV troppo lungo. Come si è detto, due pagine (cioè un foglio, fronte e retro), dovrebbero essere sufficienti per chiunque.

Includere informazioni poco rilevanti per l'obiettivo professionale (ad es. «corso di chitarra nel 1995», «automunito», ecc.)

Inserire hobby o interessi personali generici («Musica, cinema, leggere, viaggiare»; «Mi piace il cinema, suonare la chitarra e viaggiare». E a chi no?). Puntualizzare sempre, se possibile, altrimenti omettere l'informazione.

Assegnare al file un nome incoerente (ad es. «Ultimaversione_2.pdf»). Usare «Nome_Cognome_CV.pdf». Non è necessario sbizzarrirsi.

Lasciare buchi evidenti, ovvero periodi di inattività che balzano all'occhio. Se effettivamente ci sono stati momenti vuoti nella propria carriera professionale, cambiare il tipo di curriculum, senza seguire l'elenco cronologico degli eventi.

Inserire riferimenti al salario. Se ne parlerà a tempo debito.

Errori tipici dei linguisti

Impaginazione non curata. Il curriculum deve essere impeccabile da un punto di vista formale. Ad esempio, bisogna usare trattini o punti elenco congruenti. Se non si è abili con l'elaboratore di testi, i casi sono due: o si cambia mestiere o si corre ai ripari frequentando un buon corso di formazione. Saper impaginare il proprio curriculum è una delle competenze minime richieste. Se non ci si sente sicuri, si può sempre ricorrere ai servizi di qualche collega o altro professionista del settore.

Inviare il CV a un potenziale cliente (diretto o agenzia) **in una lingua diversa da quella di lavoro** del cliente. Ad esempio, se l'agenzia è italiana, perché inviare il CV in inglese?

Non correggere eventuali errori di ortografia o sintassi. Questo è uno degli errori più gravi che possiamo commettere come traduttori. Si presume che il testo del curriculum è il nostro biglietto da visita. Non gioca a nostro favore, per dirlo in modo eufemistico, presentare un CV con errori di battitura. Va prestata molta attenzione ai particolari, ad esempio le parole composte, i termini stranieri, i toponimi, i nomi propri delle scuole o università, ecc. Far rivedere il curriculum a un collega per scongiurare questa eventualità

Inserire un elenco sterminato di progetti realizzati. È più indicato mettere in risalto le esperienze realmente degne di nota e provare e individuare delle categorie generali all'interno delle quali inserire lavori con caratteristiche simili. Se proprio se ne sente la necessità, preparare un documento a parte con l'elenco dei progetti, anche se è meglio elaborarlo seguendo le indicazioni della sezione «Creare: il portfolio online».

Inserire un elenco dettagliato dell'equipaggiamento informatico posseduto. L'hardware diventa obsoleto dopo pochi mesi e ai committenti non interessa poi molto sapere se si lavora con un computer HP o con un Toshiba. Al contrario è bene indicare quale versione dei programmi si possiede e quale sistema operativo si padroneggia.

Dare eccessivo risalto ai risultati accademici, con dettagli non necessari su tesi, relatori, ecc.

Il curriculum cartaceo

Potrebbe sembrare obsoleto consigliare di avere un curriculum cartaceo, ma in definitiva un PDF correttamente formattato non è altro che un documento cartaceo digitalizzato, quindi con un PDF ben impaginato prendiamo due piccioni con una fava. L'ideale sarebbe usare un sistema che ci consenta di generare il CV in tutti i formati necessari. Fortunatamente, ne esistono alcuni, che vedremo più avanti.

Invece, merita un discorso a parte il CV europeo Europass (https://europass.cedefop.europa.eu/it/documents/curriculum-vitae).

L'Europass Curriculum Vitae nasce nel 2002 nell'ambito dell'iniziativa Europass, promossa dalla Direzione Generale Istruzione e Cultura dell'Unione Europea per migliorare la trasparenza delle qualifiche e della mobilità dei cittadini all'interno dello spazio comunitario. Tale iniziativa rappresenta la risposta delle istituzioni europee alle difficoltà di valutare e valorizzare in modo univoco i percorsi formativi e le competenze professionali dei cittadini nei paesi diversi da quello di origine. Il curriculum europeo è quindi un modello comune di riferimento spendibile in tutto il territorio dell'Unione Europea. Il documento è strutturato in modo che il candidato possa inserire informazioni sia sull'esperienza professionale e il percorso formativo, sia sulla conoscenza delle lingue straniere (in base al Quadro comune europeo di riferimento per le lingue, già citato) e su altre abilità e competenze personali sviluppate anche al di fuori dell'iter formativo o lavorativo.

L'atteggiamento maturato nel corso degli anni nei confronti del modello europeo è piuttosto controverso, soprattutto dal punto di vista dei selezionatori. In linea di massima infatti, le aziende non amano particolarmente il formato europeo perché ritenuto troppo lungo. L'Europass, in effetti, presenta una struttura che non permette di sfruttare appieno lo spazio offerto dalla pagina. Questo aspetto può giocare a favore del candidato con poca esperienza, il quale altrimenti si ritroverebbe a esibire un curriculum lungo dieci righe che metterebbe in risalto l'inesperienza ancor prima del resto. Al contrario, se il candidato ha già parecchie esperienze alle spalle, sia formative che lavorative, ricorrendo al modello europeo otterrebbe un curriculum lungo tre o quattro pagine, che rischia di essere cestinato o non analizzato come si deve dal potenziale datore di lavoro.

Un altro aspetto da tenere in considerazione è la natura cronologica e non funzionale dell'Europass Curriculum, che può rivelarsi più o meno vantaggiosa a seconda dei casi. Se da una parte il curriculum cronologico favorisce l'esposizione ordinata dei dati e mette in evidenza la continuità di un determinato percorso, dall'altro fa emergere i periodi di inattività, aspetto che potrebbe compromettere notevolmente la candidatura. In questi casi, infatti, è più opportuno utilizzare un modello funzionale che si concentri sulla qualità delle esperienze vissute. Infine molti lamentano il fatto che il modello europeo preveda una lunga sezione dedicata alle cosiddette «competenze trasversali» senza però fornir degli standard universalmente riconosciuti a cui far riferimento. Il risultato è spesso un lungo elenco di frasi stereotipate e poco credibili.

L'Europass Curriculum Vitae è quindi da bocciare? Assolutamente no. Nonostante i problemi appena menzionati, il modello europeo è ampiamente richiesto e potrebbe essere utile averne sempre una copia aggiornata. Di norma sono gli enti pubblici, le università e le società di formazione a richiedere espressamente il curriculum europeo, per poter effettuare selezioni su larga scala mediante un unico modello di CV.

Se si decide di non seguire il formato Europass, l'unico limite è posto dalla propria creatività, anche se si raccomanda sempre di mantenere una certa sobrietà. Certamente il CV di un traduttore deve mettere in risalto la padronanza dell'utente rispetto all'elaborazione di testi, ma soprattutto deve evidenziare le caratteristiche professionali e personali che lo rendono il candidato adeguato per la posizione richiesta. Quindi la forma deve essere funzionale al contenuto.

Il contenuto può essere presentato in due modi: cronologico o tematico. Se si segue l'ordine cronologico, si indicheranno le esperienze per data. È preferibile seguire un ordine inverso, cioè mettendo la più recente per prima, a meno che le esperienze più significative siano quelle più vecchie.

A volte può essere meglio organizzare i contenuti per tema, raggruppando le esperienze lavorative e la formazione afferenti a una stessa area in blocchi discorsivi sintetici. È un formato che predilige soprattutto chi ha molte esperienze che occuperebbero molto spazio se elencate singolarmente. A prescindere dall'organizzazione dei contenuti, il CV cartaceo dovrebbe essere impaginato in modo coerente, professionale e pulito. Valgono le stesse considerazioni espresse in precedenza per il CV in PDF. L'uso di un modello reperito in rete può aiutare chi non si sente particolarmente portato per la grafica. Anche in questo caso i social network possono venire in aiuto: per esempio digitando «curriculum» su Pinterest si troveranno migliaia di template gratuiti o a pagamento, nonché link di ogni tipo ad articoli che spiegano come creare il CV perfetto.

Per la stampa si dovrebbe scegliere carta di buona qualità. Un modo semplice di far risaltare il CV è quello di stamparlo su una carta di colore non bianco (per es. color crema o celeste), oppure su carta con una grammatura superiore a quella comune da 80 o 90 gm². Si tratta di «trucchetti» ben conosciuti da chi fa selezione del personale, per cui non ci si avvarrà di alcun effetto sorpresa, ma può essere un modo di catturare quel momento di attenzione in più necessario a farci leggere.

Il curriculum online

Non ci sono dubbi sul fatto che il curriculum del XXI secolo debba necessariamente «vivere» online. Esistono innumerevoli siti web che consentono di creare un curriculum o profilo dall'aspetto curato e professionale. Alcuni richiedono di inserire da zero tutte le informazioni, mentre altri si collegano a LinkedIn, da cui prelevano i dati. È dunque evidente la necessità di tenere aggiornato il proprio profilo di LinkedIn, che diventa una sorgente primaria di informazioni. Va in ogni caso considerato che stiamo affidando a una ditta privata tutti i nostri dati. Come nel caso di Facebook per la parte più «ludica» della nostra vita, anche LinkedIn pone seri interrogativi sulla riservatezza e sul futuro dei dati raccolti: che cosa accadrebbe ai nostri dati se LinkedIn venisse acquisita da un'altra società oppure se decidesse di rendere a pagamento alcune delle funzionalità oggi gratuite?

Chi vuole conoscere meglio questo social network e sfruttarlo al massimo troverà numerosi video sul canale di YouTube dell'assistenza di LinkedIn (https://www.youtube.com/user/linkedinhelp/videos) e centinaia di presentazioni sul canale Slideshare ufficiale (http://www.slideshare.net/linkedin/presentations).

Ogni anno LinkedIn pubblica un elenco delle parole più usate dagli utenti sui loro profili online. Confrontare questi termini con quelli presenti nel proprio curriculum dà un'indicazione di quanto siamo stati in grado di far spiccare la nostra originalità. I termini più utilizzati in tutto il mondo nel 2017 sono stati «specializzato», «leadership» e «appassionato» (vedi http://www.slideshare.net/linkedin/youre-better-than-buzzwords). Come rilevano gli stessi analisti di LinkedIn, si tratta di cambiamenti importanti rispetto ai risultati dell'anno precedente. La parola «specializzato» non era presente nelle prime dieci posizioni del 2016, a riprova che il mercato si sta orientando sempre di più verso professionisti altamente qualificati. Il consiglio è sempre quello di evitare le frasi fatte e le parole vuote, cercando una propria voce per rivendicare la propria unicità.

Oltre a LinkedIn, esistono moltissimi siti con cui creare un curriculum online. Spesso tali siti vengono recensiti dai siti di notizie tecnologiche ed è facile trovare elenchi aggiornati ogni anno. Un articolo da cui partire può essere «25+ Top Best Resume Builders 2016» di Template.net (https://www.template.net/business/resume/resume-builder-websites/) che passa in rassegna ben venticinque siti di questo tipo. Vediamone alcuni fra i più interessanti:

- CVMaker (http://cvmkr.com/) - Offre la possibilità di esportare il risultato in PDF, HTML e TXT.
- Resumonk (https://www.resumonk.com/) - Molto conveniente, 29 USD il piano per tutta la vita.
- Resume (https://www.resume.com/) - Facile da usare e intuitivo, permette di creare un CV orientato a un lavoro specifico molto rapidamente.
- DoYouBuzz (http://www.doyoubuzz.com) - Può essere collegato a Facebook, Twitter e Google+.
- CVLogin (https://cvlogin.com/) - Molto intuitivo, con possibilità di scaricare il CV una volta creato.

Altri strumenti consentono di generare un profilo con un accattivante stile grafico. Posso essere risorse preziose per chi non si considera particolarmente dotato sotto questo punto di vista:

- about.me (https://about.me/) - Consente di creare una vera e propria pagina di accesso a tutti i propri contenuti.

- ResumUP (http://resumup.com) - Portale specializzato nel recruiting, permette fra l'altro di creare un CV scegliendo da differenti modelli, concentrandosi su fattori diversi (abilità, esperienza, obiettivi lavorativi e così via).
- kinzaa.com (http://kinzaa.com/) - Dà la possibilità di inserire grafici e diagrammi, per creare un CV in stile «infografica».
- Prezi (https://prezi.com/) - Chi conosce e usa Prezi può sfruttare tre template messi a disposizione gratuitamente, adattandoli alle proprie esigenze, usando il servizio Prezume (https://prezi.com/prezume/).
- Presumi (https://presumi.com/) - Fornisce un sistema per tenere traccia delle candidature inviate, con statistiche e monitoraggio dei clic.

Infine, chi preferisce fare completamente da sé, può usare un CMS come WordPress o Joomla e creare un minisito esclusivamente per il curriculum sfruttando temi e plugin specifici. Per WordPress abbiamo Resume Builder (http://resume-builder.boxydemos.com/), mentre per Joomla, POWr (https://www.powr.io/plugins/resume/standalone), ma naturalmente nulla vieta di usare un CMS qualsiasi e costruire tutto da zero.

Finora si è detto della necessità di avere un CV ben formattato, pronto da stampare o da spedire in PDF. Oltre a quello, un profilo LinkedIn completo e magari uno o più degli strumenti citati dovrebbero coprire tutte le esigenze. Tuttavia, per quanto possa sembrare paradossale, è buona norma avere anche una versione del curriculum in formato di testo semplice (cioè un file con estensione .txt). Perché mai? È presto detto: spesso avremo bisogno di inserire il nostro profilo nei sistemi di gestione dei potenziali clienti, oppure su portali, *marketplace*, ecc. Se si dispone del CV soltanto in un formato impaginato, ogni volta si dovranno estrarre le informazioni copiando e incollando, perdendo moltissimo tempo e rischiando di incollare le informazioni in un ordine sbagliato (come spesso accade quando si copia del testo da un PDF). È molto più comodo disporre di un paio di CV in formato di testo semplice, uno per ogni lingua in cui si risponde alle offerte. Per ulteriori informazioni sui sistemi che utilizzano il formato testo per smistare le candidature, si consiglia la lettura dell'articolo di Wikipedia sui sistemi ATS, Applicant Tracking System (https://en.wikipedia.org/wiki/Applicant_tracking_system).

La lettera di accompagnamento

Un curriculum dovrebbe essere sempre accompagnato da una lettera di presentazione ben scritta. Non c'è niente di più controproducente che spedire un CV senza un messaggio personalizzato o con una lettera raffazzonata o sciatta. In realtà, il primo consiglio è quello di limitare le autocandidature alla cieca, ma di cercare attivamente in rete le richieste di lavoro nella propria combinazione di lingue e rispondere innanzi tutto a quelle, indicando chiaramente il riferimento dell'offerta nell'oggetto della mail. Quando si manda un'autocandidatura, perché sul sito dell'agenzia non c'è alcuna richiesta specifica, è altamente probabile che il messaggio venga considerato come spam e cestinato senza neppure essere aperto.

Per avere qualche speranza di essere presi in considerazione, bisogna fare in modo di mandare il CV a qualcuno che almeno leggerà il messaggio. Si dovrebbe dunque trovare l'indirizzo personale di chi si occupa del reclutamento o della gestione dei fornitori e scrivere direttamente a questo contatto, magari cercandolo su LinkedIn o su altre reti. In questi casi si dovrebbe quanto meno catturare l'attenzione dell'interlocutore, evitando il più possibile di ricorrere a lettere preconfezionate o di mettere i destinatari in BCC (o peggio ancora in CC). Questa lettera motivazionale non sortirà alcun effetto se realizzata tramite un copia-incolla di template facilmente reperibili sul web. L'obiettivo della lettera di presentazione è infatti quello di dimostrare il nostro reale interesse nei confronti dell'azienda: quest'ultima deve avere l'impressione che il nostro profilo sia fatto su misura per le esigenze della sua attività. Questo punto è particolarmente spinoso.

Come abbiamo detto più volte, il settore soffre del morbo dell'intercambiabilità: tutte le agenzie si assomigliano, tutti i traduttori si assomigliano. Persino coloro che spiccano, per un motivo o per l'altro, sono comunque facilmente sostituibili. È arduo trovare esempi di progetti che potrebbe svolgere un solo traduttore. Non possiamo che insistere, dunque, sull'importanza di far risaltare la propria unicità. Molte agenzie hanno sul loro sito una sezione dedicata ai casi di studio o ai clienti in generale. Si consiglia di studiare queste pagine e di sfruttare tali informazioni per presentarsi alle aziende che lavorano principalmente in un settore a noi congeniale o in cui siamo specializzati.

Per quanto riguarda le tariffe, la disponibilità o il volume di parole tradotte al giorno, sono dettagli che si possono anche omettere nel primo messaggio. Se si ritiene di avere il tempo di affrontare una prova di traduzione non retribuita, sarebbe bene indicarlo. In alternativa, segnalare il link al proprio sito o al proprio profilo, su cui dovranno essere presenti anche esempi di traduzioni realizzate. Se siamo membri di associazioni professionali, sarebbe bene indicarlo nella firma della mail, oltre che nel curriculum o nel profilo stesso.

In definitiva, si tratta di catturare l'attenzione e convincere il reclutatore che non siamo uno dei tanti traduttori che proliferano online, ma che ci siamo presi la briga di esaminare il sito dell'azienda a cui ci rivolgiamo e che riteniamo di poter diventare validi collaboratori.

Intervista ad Alessandra Martelli, traduttrice e copywriter

Alessandra Martelli è traduttrice, copywriter e formatrice. Scrive e traduce (da inglese e tedesco) testi pubblicitari e promozionali, contenuti di argomento medico e scientifico, testi per il turismo. Autrice di *21 strumenti gratuiti per traduttori* (2016), è membro associato di ITI e socia ACTA. Il suo sito è MTM Translations (http://www.mtm-translations.com), un ottimo esempio di un uso efficace e professionale dei testi e delle immagini.

Come hai deciso di specializzarti nel tuo settore e perché?

Uno degli aspetti che trovo più affascinanti delle lingue (e del linguaggio in generale) è l'estrema duttilità. Una scelta apparentemente semplice come invertire l'ordine di due termini crea sfumature e variazioni di intensità... e può persino cambiare tutto il senso della comunicazione. Nella pubblicità e nel marketing, l'efficacia della comunicazione dipende proprio dalla capacità di sfruttare questa duttilità, di giocare con sfumature e non-detti per trasmettere un messaggio chiaro e convincente. È una sfida intrigante, a cui non ho saputo resistere! Inoltre, essendo anche copywriter, lavoro su testi pubblicitari e promozionali ogni giorno – e questo mi aiuta a rendere più affilati i ferri del mestiere. Conoscere il processo creativo e tecnico alla base di uno slogan o una landing page «che funziona» è fondamentale per tradurre e adattare in modo efficace. Per essere un traduttore eccellente bisogna conoscere i come e i perché. Questo, secondo me, vale per ogni settore e costituisce il vero valore aggiunto della specializzazione – sia per il traduttore sia per il cliente.

Come hai trovato il tuo primo cliente? E il più recente?

Quando ho lanciato la mia attività ho sparso la voce tra amici, parenti, ex colleghi. Da lì sono nate le prime collaborazioni con aziende di Torino e provincia. Il cliente più recente è arrivato invece tramite il mio sito web, attivo dal 2012.

Se dovessi consigliare a un traduttore una singola azione da svolgere domattina, quale sarebbe?

Crea un account gratuito su Inoreader (http://www.inoreader.com), o un altro aggregatore di notizie, e inizia a seguire siti di news, riviste e aziende del settore in cui desideri specializzarti. È ottimo per acquisire terminologia specifica, restare aggiornato su eventi e novità, intercettare eventuali opportunità di collaborazione.

Che cosa non rifaresti se tornassi indietro?

Le campagne pubblicitarie per corrispondenza! Ne ho tentate due (nel 2006 e nel 2011) ed entrambe sono state un buco nell'acqua, nonostante le lettere personalizzate e le ricerche approfondite sulle aziende da contattare.

Quale caratteristica o quale capacità ritieni che sia determinante per avere successo in questa professione?

La concretezza. Avere un sito web scintillante e profili social iperattivi può aiutarti a ottenere visibilità e contatti... ma alla fine ciò che conta è saper far bene il proprio mestiere, con rispetto e impegno. I clienti soddisfatti ritornano, consigliano spontaneamente i tuoi servizi e sono la migliore pubblicità che si possa desiderare.

Analisi e azioni

1. Registri da qualche parte tutte le attività che svolgi finalizzate all'acquisizione di clienti o alla ricerca di lavoro?
2. Personalizzi il curriculum vitae e la lettera di accompagnamento per ogni offerta a cui rispondi e per ogni autocandidatura?
3. Hai completato il tuo profilo su LinkedIn e hai provato almeno un servizio di curriculum vitae online che preleva i dati da LinkedIn? Come ti è sembrato il risultato? Pensi che ti possa essere utile per le future candidature? Come?
4. Rileggi il tuo CV e il tuo profilo online e poi chiediti: i tuoi punti di forza e le tue competenze sono valorizzati? I risultati raggiunti sono evidenziati a sufficienza? Pensi di essere riuscito a suscitare un certo interesse da parte del tuo interlocutore?

_____

_____

_____

_____

_____

_____

_____

Creare: biglietti da visita, brochure e codici QR

Come professionisti e ancor più come imprenditori di noi stessi, dobbiamo prestare molta attenzione anche ad altri strumenti di comunicazione, quali il biglietto da visita e la brochure. Se il primo viene considerato imprescindibile, purtroppo il secondo nel nostro settore non è diffuso quanto dovrebbe. Una volta compreso che un traduttore è un fornitore di servizi allo stesso livello di un avvocato, un architetto o un commercialista, è evidente la necessità di avere un documento illustrativo dei servizi offerti da presentare ai clienti.

Sia il biglietto da visita che la brochure servono a comunicare la nostra unicità e vengono trattati nello stesso capitolo, perché svolgono una funzione tutto sommato simile. Da un punto di vista grafico, si tratta di elementi che andrebbero combinati con il resto dell'immagine «aziendale» scelta. Il primo consiglio è dunque quello di affidarsi a professionisti. Ci si dovrebbe avvalere dei servizi di un grafico competente, in grado di creare un'immagine corporativa completa da usare trasversalmente su sito, materiale cartaceo, biglietti da visita, brochure, ecc. Tutte le indicazioni che seguono, tese al «fai da te», partono dunque da due presupposti:

1. non si dispone di alcun budget da dedicare a questo importante aspetto dell'attività;
2. si hanno nozioni di grafica tali da poter realizzare un lavoro dignitoso.

Se si tiene conto che esistono numerosissimi marketplace (uno su tutti: Fiverr, https://www.fiverr.com/) in cui un esercito di professionisti (ma anche molti dilettanti, per cui si raccomanda cautela nella scelta) offrono servizi a prezzi molto abbordabili, il primo punto non è altro che una scusa: se davvero non si riesce a comprendere l'importanza di investire in immagine e in materiale promozionale, significa che ancora non ci si sta prendendo sul serio. In questo caso non resta che riflettere nuovamente sul proprio progetto lavorativo/imprenditoriale e ripercorrere i passaggi indicati nei capitoli precedenti.

Il secondo punto invece è un'esortazione a imbarcarsi in progetti che esulano dalle competenze principali soltanto se si è dotati di sufficiente preparazione. Chiunque non si senta in grado di affrontare un progetto grafico con serietà dovrebbe abbandonare l'idea, piuttosto che produrre risultati inferiori allo standard. È preferibile non avere alcun biglietto da visita, che averne uno non professionale. Come estrema risorsa, si possono persino scambiare cartoncini bianchi su cui scrivere a mano i propri dati. Sempre meglio un biglietto manoscritto che uno mal impaginato e mal progettato.

Il biglietto da visita e la brochure

Se proprio si decide di voler creare il biglietto da visita in autonomia, nella progettazione dovrebbero prevalere la semplicità e la pulizia su tutto il resto. Se abbiamo già usato sul sito determinati colori o elementi grafici, essi vanno richiamati anche nel biglietto da visita, anche qualora non si abbia approntata una vera e propria immagine corporativa completa. Più è semplice e meno colori ha il biglietto, più sarà facile digitalizzarne il contenuto da parte dei potenziali clienti. Ultimamente è infatti una pratica molto diffusa quella di fotografare i biglietti da visita con lo smartphone per trasferire le informazioni dei contatti dal cartaceo all'archivio digitale.

Un modo molto pratico di creare un bigliettino all'altezza di qualsiasi situazione è quello di acquistare un template da uno dei numerosi siti di immagini e illustrazioni d'archivio. Un sito consigliato è Stock Layouts (http://www.stocklayouts.com/) che dispone di una vastissima gamma che copre tutti i settori commerciali. Il sito offre una serie di documenti coordinati, per cui, una volta scelto uno stile, si possono scaricare brochure di vario tipo, carta da lettere, biglietti da visita, ecc. Un altro sito con modelli molto accattivanti è Moo (https://www.moo.com/it/). Dopo aver acquistato un modello, basta aprirlo in un programma di grafica, modificare i dati e stampare il PDF da inviare alla tipografia. Naturalmente, il rischio di una scelta del genere è quello di ritrovarsi a condividere uno stile grafico con altre migliaia di acquirenti; un rischio non altissimo, ma sempre presente. Potrebbe capitare di arrivare a un evento e trovare sul tavolo o sulla bacheca altri bigliettini o volantini con la grafica simile o uguale alla nostra.

Evidentemente lo scopo di un biglietto da visita è quello di fornire le informazioni di contatto, ma se consideriamo la semplicità e la rapidità con cui è possibile contattare qualcuno direttamente online, questo aspetto «funzionale» può passare anche in secondo piano. Il biglietto da visita può fungere anche da puro strumento di marketing. È necessario allora chiedersi quale scopo vogliamo raggiungere con questo strumento. Ad esempio, possiamo usare un biglietto come strumento per il networking. Per incuriosire l'interlocutore durante un evento di networking si può utilizzare un formato inusuale, oppure una grammatura della carta più pesante di quella abituale. Se siamo frequentatori abituali di eventi professionali, possiamo anche decidere di mettere il nome proprio più grande di tutto il resto, in modo da poter usare il biglietto da visita anche come una specie di cartellino identificativo. Oppure potremmo stampare offerte speciali dirette o tramite uno specifico link sul retro del biglietto, aggiungendogli valore, in modo che l'interlocutore sia meno propenso a buttarlo via una volta tornato a casa.

Un altro consiglio è quello di avere i biglietti da visita a disposizione in ogni occasione. Purtroppo capita di dimenticarli, per cui è una buona idea conservarne qualcuno in auto (naturalmente in una scatolina in modo che non si rovinino), altri nelle tasche dello zainetto, della borsa, della custodia del portatile e magari un paio anche nel portafogli. Rifornire periodicamente tutti questi posti, prima di rimanere senza.

L'infimo costo individuale dei biglietti da visita, confrontato al ritorno che possono dare, è tale che si dovrebbe cogliere qualsiasi occasione per distribuirli. Non soltanto quindi gli incontri di lavoro e di networking, le fiere, i convegni, ma anche quelli informali o le riunioni con persone che non si vedono da molto tempo. Se ci si reca da qualcuno che opera in un settore che non è in diretta concorrenza con noi, gli si può chiedere il permesso di lasciare un mazzetto di biglietti. Ad esempio, se si fa visita a un avvocato e si è specializzati in traduzioni di certificati.

Se appropriato, è utile allegare un biglietto da visita alle comunicazioni scritte, ad esempio quando si manda una nota di ringraziamento a qualcuno che ci ha aiutato o quando consegniamo una traduzione in cartaceo a un cliente.

Se si vogliono aumentare le possibilità che l'interlocutore conservi il biglietto dopo averglielo dato, si consiglia di aggiungere qualche indicazione scritta a mano, ad esempio un link, un indirizzo email secondario. Non è invece consigliabile scrivere sui biglietti altrui per aggiungere informazioni: non vogliamo dare l'impressione di sminuire il valore del biglietto usandolo come bloc notes.

A livello di progettazione grafica, naturalmente il primo suggerimento è quello di sfruttare tutto lo spazio, retro compreso. Stampare fronte e retro un biglietto da visita costa leggermente di più, ma l'incremento di informazioni disponibili per i potenziali interlocutori compensa questo piccolo sforzo economico. La stampa fronte e retro va sfruttata anche nel caso in cui si desideri un biglietto bilingue.

Un altro punto importante è che un biglietto da visita viene di solito stampato in grandi quantità e che si potrebbero impiegare anni a smaltirli. Perciò le informazioni inserite sul biglietto non devono avere una data di scadenza. Se si è in procinto di cambiare ufficio, ad esempio, ma si ha l'urgenza di creare dei biglietti da visita, o se ne stampa un quantitativo ridotto per coprire l'urgenza oppure si omette l'indirizzo postale, per non ritrovarsi poco dopo con dei biglietti obsoleti. Per quanto riguarda la struttura delle informazioni, alcuni elementi sono necessari affinché il biglietto segua gli standard abituali:

- nome e cognome (evitare pseudonimi o nomi d'arte);
- profilo, attività principale;
- indirizzo;
- telefono (se si desidera essere contattati per telefono);
- email;
- nome su Skype;
- alias di Twitter;
- URL dei profili sui social (ProZ, LinkedIn, ecc.);
- URL del proprio sito professionale;
- lingue di lavoro.

Nel caso della brochure, vale quanto detto finora, ma naturalmente il lavoro di progettazione è più complesso, perché implica anche la stesura dei testi e, normalmente, una ricerca iconografica. Oltre ai consigli già dati, va prestata attenzione a usare immagini di cui si detengono i diritti e a redigere i testi in modo ineccepibile. Chiedere sempre a qualcuno di rivederli. Il contenuto deve seguire le indicazioni già fornite, ovvero rappresentare la propria unicità e parlare la lingua del potenziale cliente, senza usare inutili tecnicismi o gergo settoriale. Anziché parlare di «fuzzy match» ad esempio, dire che si garantirà un risparmio riutilizzando i testi già tradotti. In definitiva, si devono esprimere i concetti non dal punto di vista di chi eroga il servizio, ma di chi lo fruisce.

Errori da evitare

Riassumendo, elenchiamo alcuni errori comuni che si riscontrano spesso nel materiale di comunicazione del nostro settore:

Usare offerte gratuite che stampano messaggi pubblicitari sul retro dei biglietti da visita. Grida a gran voce «mancanza di professionalità».

Inserire i simboli dei social network senza un link o un codice QR. Il solo logo di Facebook o LinkedIn non comunica nulla al lettore, se non che siamo presenti su quelle reti. Facilitare la connessione indicando l'URL.

Usare immagini evocative senza alcun nesso con l'attività. Se la scelta è meditata, frutto di una strategia grafica tesa a comunicare un messaggio specifico, nulla vieta di usare immagini di qualsiasi tipo. Tuttavia, spesso si trovano brochure o biglietti da visita con panorami, nuvole, scene naturali scelte completamente a caso. E si nota.

Usare soltanto la parte frontale, trascurando il retro.

Essere criptici nelle informazioni, non indicare la professione svolta, il ruolo, le lingue di lavoro. Ricordarsi sempre che il biglietto da visita è uno strumento da usare per uno scopo preciso, non è un regalo che facciamo al nostro ego.

Usare carta di bassa qualità o di grammatura insufficiente.

Stampare i biglietti su carta lucida su cui è impossibile scrivere. Molte persone scrivono sui biglietti da visita alcune informazioni come promemoria; si dovrebbe facilitare la pratica, non renderla impossibile.

Non usare il biglietto da visita o la brochure **per comunicare la propria unicità.**

Usare biglietti da visita in un formato fuori standard. Molte persone conservano i biglietti da visita in raccoglitori standard. Avere un biglietto troppo grande può far sì che finisca nel cestino prima del tempo.

Usare un carattere di foggia o dimensioni illeggibili.

Non includere l'indirizzo email o altri dati fondamentali.

E per concludere, l'errore peggiore di tutti: **non averne.**

I codici QR

Dopo aver affrontato alcune questioni legate al materiale promozionale cartaceo, parliamo di un sistema che si può considerare un vero e proprio ponte fra mondo fisico e mondo digitale: i codici QR. Un codice QR (dove QR è l'abbreviazione di «Quick Response», risposta rapida) è un codice a barre a matrice, composto da moduli neri disposti all'interno di un quadrato, che serve a codificare informazioni di vario tipo, come un indirizzo web, un testo, un SMS, ecc. Le informazioni che vi sono memorizzate vengono lette tramite un telefono cellulare o un altro dispositivo dotato di telecamera. Un solo codice può contenere 7 089 caratteri numerici o 4 296 alfanumerici. Il codice QR (http://www.qrcode.com/en/) venne sviluppato nel 1994 dalla compagnia giapponese Denso Wave, per tracciare i pezzi di automobili nelle fabbriche di Toyota. Si può considerare un ponte fra virtuale e reale, perché consente di accedere a informazioni digitali direttamente dal mondo reale, con la sola scansione. Sebbene sia un metodo rapido, bisogna considerare che il procedimento di lettura di un codice QR non è immediato. Il dispositivo che legge il codice, di solito uno smartphone, deve avere un'applicazione apposita (che quasi sempre è preinstallata), quindi bisogna inquadrare il codice, catturarlo, il software lo deve decodificare e infine il contenuto viene visualizzato dall'applicazione associata a quel particolare contenuto. Il procedimento segue cioè quattro fasi:

1. inquadratura;
2. cattura;
3. decodifica;
4. visualizzazione.

La visualizzazione darà come risultato il contenuto per cui è stato creato il codice. Un codice QR può infatti trasportare informazioni di vario tipo. È possibile generare codici QR per:

- URL;
- testo;

- vcard (biglietto da visita digitale);
- SMS precompilato con messaggio e numero di destinazione;
- numero di telefono;
- ubicazione geografica (espressa con latitudine e longitudine);
- evento (descrizione più data di inizio e di fine);
- messaggio e-mail predefinito;
- connessione Wi-Fi (nome della rete e password di accesso).

Esistono diversi siti web dove è possibile generare codici QR, come goQR (http://goqr.me) o QRstuff (http://www.qrstuff.com/). Il codice generato può essere scaricato in formato immagine (vettoriale), pronto da inserire nel materiale da stampare. Ai nostri fini, uno dei posti più logici in cui inserire un codice QR è il biglietto da visita, ma anche altri materiali di marketing non digitale (brochure, dépliant, e così via) sono adatti ad accogliere QR. Infatti i codici QR, se usati con un po' di creatività, si prestano a numerose applicazioni. Poiché si può codificare un qualsiasi indirizzo internet, le possibilità sono davvero infinite. Ecco qualche esempio:

- inserire nel codice QR il link al proprio curriculum online, oppure al profilo LinkedIn o semplicemente alla versione Vcard del biglietto da visita;
- aggiungere un codice QR a una lettera cartacea per allegare informazioni online;
- stampare un codice QR sui biglietti da visita o su una cartolina promozionale per offrire uno sconto da riscattare online;
- inserire un codice QR in un annuncio pubblicitario tradizionale (p. es. su una rivista), per portare i clienti su una pagina con informazioni più dettagliate sui servizi offerti;
- usare un codice QR sulla brochure per indirizzare i clienti a un video esclusivo, oppure a un tweet preconfezionato;
- usare un codice QR per consentire ai clienti stessi di mandare un promemoria via SMS.

Intervista a Barbara Ronca, traduttrice editoriale

Barbara Ronca, traduttrice editoriale e letteraria, blogger, docente e coordinatrice didattica, ha iniziato a lavorare nell'editoria come redattrice, editor e traduttrice, e di recente si è specializzata in traduzioni turistiche (collaborando con case editrici specializzate come EDT - Lonely Planet e Taschen); nel frattempo ha continuato a tradurre narrativa anglofona per diversi altri editori, tra cui Voland, 66thand2nd, Nord. Dal gennaio 2015 gestisce, assieme alla collega Chiara Rizzo, il sito/blog Doppioverso (http://www.doppioverso.com).

Come hai deciso di specializzarti nel tuo settore e perché?

Non è una domanda semplice, perché io posso considerarmi specializzata in due settori differenti. Lavoro come traduttrice di testi turistici (per la precisione traduco per la casa editrice EDT - Lonely Planet i cosiddetti «fotografici», i libri-strenna che parlano di viaggio in modo meno puntuale delle guide turistiche ma che alle guide per molti versi assomigliano) e di narrativa. In entrambi i casi, la specializzazione è arrivata inseguendo una passione. Mi sono laureata in critica letteraria e specializzata in letteratura della migrazione: la narrativa (la forma romanzo in particolare) e il viaggio, il confronto con l'altrove, hanno quindi costituito il nucleo del mio curriculum di studi. Dopo l'università, un po' per fortuna, un po' per caparbietà, un po' grazie a ulteriori specializzazioni accademiche e non, sono riuscita a entrare nel mondo della traduzione e ad avvicinarmi ai campi specifici che mi interessava esplorare. Mi ritengo fortunata.

Come hai trovato il tuo primo cliente? E il più recente?

Ho tradotto il mio primo romanzo per una casa editrice romana presso cui avevo lavorato per un anno come redattrice, responsabile dei diritti e revisora di traduzioni dall'inglese: l'editrice aveva apprezzato molto il modo in cui avevo gestito una revisione particolarmente spinosa e ha deciso di darmi fiducia assegnandomi un titolo da tradurre. L'ultimo dei miei committenti (di nuovo un editore di narrativa) l'ho agganciato con un semplice CV: ho iniziato accettando lavori tangenziali alla traduzione (come letture di manoscritti italiani e di libri in inglese) e pian piano siamo arrivati alle attuali collaborazioni.

Se dovessi consigliare a un traduttore una singola azione da svolgere domattina, quale sarebbe?

Se parliamo di traduzione editoriale (che è poi l'unico ambito che conosco abbastanza bene per pronunciarmi) suggerirei di iscriversi a un buon corso di traduzione, affidabile e ben strutturato. L'università non prepara alla realtà del mercato editoriale, e molti aspiranti colleghi con cui mi confronto ogni giorno da formatrice e docente, che pure hanno talento e capacità, mostrano un'ingenuità così spiazzante riguardo a ciò che sta dietro la semplice traduzione (contrattualistica, fasi della lavorazione del libro, diritto d'autore, rapporti con gli altri ingranaggi della filiera editoriale) che se fossi un editore non so se me la sentirei di affidar loro un lavoro.

Che cosa non rifaresti se tornassi indietro?

Non accetterei lavori mal pagati nella speranza di ottenere prestigio, di rimpolpare il CV o di avere una leva per contrattazioni future. Non funziona mai. Un lavoro mal pagato rimane solo un lavoro mal pagato.

Quale caratteristica o quale capacità ritieni che sia determinante per avere successo in questa professione?

Una determinazione di ferro. Il mercato è in crisi, le difficoltà sono molteplici. Per questo ritengo sia importante anche essere realistici e spazzar via la patina di romanticismo che spesso ricopre il mestiere di traduttore editoriale: è vero, facciamo un lavoro bellissimo, e tradurre un romanzo o un fotografico Lonely Planet è davvero un'emozione. Ma se vogliamo fare di questo sogno una professione è necessario ricordarci che senza tenacia e capacità imprenditoriali non faremo molta strada.

Analisi e azioni

1. Hai un biglietto da visita ben progettato, coordinato con il tuo sito per quanto riguarda colori e impostazione grafica? Se non ce l'hai, per quale motivo non l'hai ancora preparato?
2. Sei riuscito a sintetizzare la tua unicità in un paio di frasi? Hai provato a creare uno slogan da aggiungere al tuo materiale di comunicazione?
3. Rileggi i testi della tua brochure, conta le parole e riducile della metà. Rileggi il risultato e ripeti l'esercizio. Il messaggio viene convogliato con la stessa forza? Se sì, mantieni quest'ultima versione.
4. Pensa a dieci azioni promozionali o contenuti extra che potresti piazzare sul retro del tuo biglietto da visita. Scegli le due idee che ti sembrano migliori e fai stampare due serie di biglietti di visita, una per ogni idea. Dopo 6 mesi d'uso, compara i risultati delle due azioni.

___

___

___

___

___

___

___

Creare: video presentazione e video CV

Con il termine «video curriculum», «video CV» o «video profilo» si intende generalmente una presentazione in video con cui si fa conoscere il proprio profilo professionale e le proprie competenze. Data la sua natura, si tratta di uno strumento che richiede un certo sforzo per ottenere risultati dignitosi. Oltretutto, è molto facile commettere errori tecnici o stilistici che renderanno vana o addirittura controproducente l'operazione. Anche in questo caso, il primo consiglio è quello di affidarsi a un professionista. Chi ritiene invece di avere le capacità necessarie per realizzare il video da solo dovrebbe iniziare la produzione soltanto dopo aver elaborato uno script, un copione. Progettare adeguatamente il video è senza dubbio il primo passo per stabilire quali e quante risorse saranno necessarie e per non perdersi a metà strada. Questo consiglio vale in tutti i casi, sia che si decida di riprendersi in video mentre si recita un testo, sia che si voglia creare un'animazione o una presentazione più complessa.

Quanto dovrebbe durare un video CV? Non esiste una regola fissa, ma prendendo spunto dagli annunci pubblicitari televisivi, si consiglia di non crearlo più lungo di un minuto. È meglio creare più video brevi che uno lungo. E prima di registrare, provare, provare e di nuovo provare.

Esistono vari modi artigianali di creare un video con poche risorse e, magari, anche con poche idee. Ad esempio, si può sfruttare una presentazione creata in PowerPoint (o altri programmi simili) e sovrapporvi una voce fuori campo o una musica di sottofondo. PowerPoint consente di esportare i contenuti in formato video HD. È anche possibile fissare una durata standard per tutte le diapositive, oppure impostarne una specifica per ogni pagina. Con un po' di pratica si possono ottenere risultati sorprendenti, soprattutto se si usano saggiamente le animazioni applicate al testo e alle forme e le transizioni fra le pagine. Esistono vari tutorial su YouTube che esemplificano il processo, oppure è anche possibile acquistare un template e adattarlo alle proprie esigenze. Un marketplace su cui trovarne alcuni è la sezione PowerPoint Templates di GraphicRiver del gruppo Envato (https://graphicriver.net). PowerPoint non è l'unico strumento possibile. Se la presentazione viene realizzata con uno strumento dinamico come il già citato Prezi, si può semplicemente registrare lo schermo mentre si scorre la presentazione e successivamente inserire una colonna sonora. Anche in questo caso si possono ottenere risultati molto soddisfacenti.

Il campo dei video CV è ancora relativamente poco esplorato e c'è molto spazio per innovare. Come si diceva, non necessariamente si deve produrre un solo video: se ne possono anche creare tre o quattro, ricalcando, ad esempio, le sezioni del proprio sito (profilo, competenze, esperienza, contatto, portfolio) e poi inserirli tutti in una playlist su YouTube o Vimeo. Un interprete potrebbe creare un video esemplificativo per illustrare come lavora, mentre un traduttore potrebbe descrivere come affronta un testo particolarmente complesso. L'unico limite è davvero la fantasia. Prima di diffondere il video mostrarlo a qualcuno in grado di dare un giudizio obiettivo: si eviteranno delusioni in seguito.

Ci si potrebbe chiedere se questo tipo di supporto non sia più appropriato per chi lavora in settori creativi e meno per un traduttore o interprete. È facile rispondere: se sta già funzionando per altri professionisti, perché non dovrebbe funzionare per noi? Oltretutto esistono già numerosi esempi di colleghi che usano il video come strumento di marketing. Ne citiamo soltanto alcuni, uno di altissimo livello, un vero e proprio cartone animato, «Localization Quest - How Video Game

Localization Works» (https://www.youtube.com/watch?v=f9hGNGTodu4), video presentazione di Pablo Muñoz Sánchez (http://pablomunoz.com/es), uno più alla portata di tutti, il video CV di Ingo Blomesath, un collega tedesco (https://www.youtube.com/watch?v=fEjosQHeBhY) e infine quello della collega italiana Martina Lunardelli, (https://www.youtube.com/watch?v=G8fb1W8UO1c) registrato e prodotto in modo molto professionale. Periodicamente i blog di design e innovazione passano in rassegna i migliori esempi di video CV. Qualche tempo fa Hongkiat ha pubblicato l'articolo «14 brilliant video CVs that will bag the job» (http://www.hongkiat.com/blog/job-application-videos/) che può servire come fonte d'ispirazione.

Errori da evitare

Ecco alcuni errori da evitare, spesso presenti nei video CV:

Mostrare un fondale o ambientazione inappropriati, che comunicano scarsa professionalità.

Usare foto o illustrazioni di cui non si sono acquisiti i diritti e che presentano filigrane o risoluzione non accettabile. Lo stesso vale per i brani musicali.

Usare un'inquadratura scorretta, troppo dall'alto o troppo dal basso, perché si sta usando la webcam integrata del portatile. Lo sguardo dovrebbe essere allineato con l'obiettivo della telecamera.

Scarsa qualità video, bassa risoluzione. Registrare sempre con dispositivi di qualità. Se non si possiede una videocamera o una fotocamera che registra video in HD, chiederla in prestito.

Illuminazione non corretta (insufficiente, sbagliata o esagerata). Prediligere l'illuminazione naturale, se non si dispone di lampade sufficientemente potenti. Con un investimento di circa 100 euro, è possibile approntare un ministudio, come spiegato nell'articolo «The Down and Dirty DIY Lighting Kit» (https://wistia.com/library/down-and-dirty-lighting-kit).

Entrare nell'inquadratura o uscirvi a video iniziato. A meno che non si decida a livello di copione di entrare in scena (o uscire), e quindi lo si faccia nel modo opportuno, è molto meglio tagliare queste parti dalla versione finale.

Balbettare, perdere il filo del discorso, dimenticarsi la frase da pronunciare, usare troppi intercalari («ehm», «uhm», «cioè», «è vero», etc.)

Spostare continuamente lo sguardo, senza fissare l'obiettivo. Davanti alla telecamera è necessario fissare direttamente l'obiettivo per stabilire una connessione con chi ci guarda.

Toccarsi il viso o il corpo mentre si parla. Prestare particolare attenzione alla posizione delle mani e al gesticolio.

Indossare abiti sgargianti, gioielli, piercing o qualsiasi altro elemento che possa distrarre chi guarda il video. Nel video bisogna apparire professionali e trasmettere sicurezza. Per lo stesso motivo, evitare anche di mostrare animali domestici, foto personali, oggetti vari non strettamente legati allo scopo del video.

Leggere apertamente il copione o addirittura il curriculum vitae davanti alla telecamera. Se si ha bisogno di un teleprompter (il cosiddetto «gobbo») se ne può costruire uno da soli da usare con un tablet, seguendo le numerose istruzioni presenti online, su YouTube o su Instructables; ad esempio «$10 DIY Box Teleprompter That Works Great» (http://www.instructables.com/id/10-DIY-Box-Teleprompter-That-Works-Great/).

Improvvisare. Il messaggio da comunicare dev'essere stato ben preparato e interiorizzato prima di accingersi alla registrazione.

Intervista a Valentina Stagnaro, traduttrice e sottotitolista

Valentina Stagnaro, traduttrice e sottotitolista, parte da Quarto e arriva a Roma per conquistarla, finendo per farsi conquistare a sua volta. Nasce traduttrice tecnica, ma approda alla sottotitolazione e alla traduzione di audiovisivi dopo un Master in traduzione audiovisiva. Sottotitola e revisiona serie TV per Netflix e Sky; insegna sottotitolazione al Master in Adattamento Cinetelevisivo dell'Università Gregorio VII di Roma. Il suo sito è valentinastagnaro.it.

Come hai deciso di specializzarti nel tuo settore e perché?

È stato lui a decidere. Io stavo traducendo le mie cartelle cliniche senza dare fastidio a nessuno. È con la specializzazione in testi medici che sono arrivata all'audiovisivo (prima) e ai sottotitoli (dopo). A monte, avevo scelto il settore medico (o medicale, che dir si voglia) perché mi piaceva. Mi piacciono gli squartamenti, le operazioni a cuore aperto e le infezioni viste al microscopio. L'audiovisivo l'ho sempre visto per quello che è: un settore di primedonne e matti che prevaricano le persone realmente competenti. («Non mi licenziate, vi prego!») e, di mio, non l'avrei mai preso in considerazione.

Come hai trovato il tuo primo cliente? E il più recente?

In realtà, mia suocera ha cercato di convincermi a passare al lato oscuro perché non si trovava bene con la sua traduttrice; ogni tanto le traducevo qualche copione, senza avere la minima competenza nel settore. Non mi dispiaceva, ma non mi esaltava nemmeno. Poi sono passata al mio primo cliente vero: ero perfetta, perché per la stessa agenzia lavoravo sui testi medici ed è arrivato un video da sottotitolare. Mi hanno insegnato. Ho ammesso di non avere idea di che cosa fosse un sottotitolo, che avrei fatto il possibile ma avevo bisogno di un aiuto. Mi hanno detto candidamente: fai così, così e poi così, poi lo riguardiamo noi e ti spieghiamo. Sapere chiedere aiuto e ammettere i propri limiti mi ha sempre ripagata. L'ultimo l'ho trovato perché l'ho cercato e volevo proprio lui, ho aspettato sei mesi e poi ho mandato l'email giusta, alla persona giusta, al momento giusto.

Se dovessi consigliare a un traduttore una singola azione da svolgere domattina, quale sarebbe?

Professionalmente? Guardare se l'obiettivo è ancora lì. Mi sono distratta? Sto cincischiando? Io sono una cincischiatrice di professione e mi devo richiamare all'ordine almeno tre volte al giorno, o mi trovo a fare découpage e a guardare video di concerti metal che durano 18 ore. Spero di non sembrare una *workaholic*, ma quando si lavora, si lavora. Guardare l'obiettivo aiuta a godersi la gioia di non accendere mai più il computer dopo l'orario che ci siamo prestabiliti. Un po' come fare la spesa senza la lista: stai lì e giri per il supermercato senza meta, passi novecento volte davanti allo stesso scaffale, perdi un'ora e mezza, hai lasciato la macchina in doppia fila, «scusi-signora-la-levo-subito» e «ah-beh-ormai-è-tardi-per-andare-in-palestra» e la serata finisce così. E non hai manco ricomprato la carta igienica. Se invece uno guarda sempre l'obiettivo con la coda dell'occhio, non lo perde di vista, man mano si entra in un circolo virtuoso che ci permette (l'ho scoperto da poco!) di vivere davvero da freelance, lavorare nemmeno venti giorni al mese e campare comunque dignitosamente, svegliarsi tardi, guardare l'alba, fare découpage, la pasta tirata a mano, dirsi: «oggi vado al parco con il cane», ed essere veramente felici. Avere il tempo di studiare, che è fondamentale, e via discorrendo. Per citare Nietzsche, volendo «Formula della mia felicità: un sì, un no, una linea retta, una meta».

Che cosa non rifaresti se tornassi indietro?

Non sarei un'accumulatrice seriale di lavoro. Per non dire mai di «no» a nessuno ho perso clienti ottimi e ne ho guadagnati di pessimi. Imparare a dire: «No, non sono disponibile per questo progetto».

Quale caratteristica o quale capacità ritieni che sia determinante per avere successo in questa professione?

Definizione di successo? Credo che la combinazione «risolvere i problemi e non crearne di nuovi» + «essere umili e sorridenti» sia quella che, almeno per me, è stata determinante. I ritmi sono esasperanti (ed esasperati), chi butta sabbia negli ingranaggi non rendendosene conto è un nemico giurato. Una svista, «una pecionata», una risposta brusca a una mail (peggio!, una non-risposta) sono piccole cose che rovinano la vita ai colleghi nella «catena di montaggio». Si gioca in squadra, si corre tutti insieme e chi non corre crea un problema. Se cadi, ti tiro su, se cado io, mi tiri su tu. Non avere paura di chiedere: meglio una domanda adesso, che un problema tra una settimana. Sull'essere umili e sorridenti... beh, quello lo consiglio anche nella vita, non solo nel lavoro.

Analisi e azioni

1. Ritieni che un video CV potrebbe aiutarti a promuoverti come professionista? Perché?
2. Se hai deciso di registrare un video profilo un video CV, pensi di avere qualcosa di interessante da dire? Hai riflettuto sul modo migliore di trasmettere la tua *unique selling proposition*?
3. Hai preparato uno script che contiene il testo del video e tutte le informazioni necessarie per la registrazione?
4. Cerca alcuni esempi di video CV, non necessariamente di traduttori, e guardali con attenzione, segnando i punti deboli e i punti di forza di ciascuno. Usa quest'analisi per migliorare il tuo video.
5. Stabilisci un calendario di diffusione del video, scegliendo i canali più appropriati.

_____

_____

_____

_____

_____

_____

Creare: il portfolio online

Oltre al curriculum, alla brochure e al video CV, uno strumento molto efficace che ben si sposa con le dinamiche della nostra professione è il portfolio online. Un portfolio non è altro che una raccolta dei migliori lavori svolti, organizzato in modo che metta in evidenza interessi, campi di specializzazione e capacità. Solitamente un portfolio raccoglie i progetti di un architetto, di un grafico, di un illustratore o di un disegnatore, ma l'idea si può mutuare da questi settori artistici anche a quello linguistico. E infatti, per creare un portfolio online, è utile prendere spunto dal lavoro dei grafici, dei fotografi e degli artisti digitali, che da decenni cercano il modo migliore di presentare i loro lavori ai potenziali clienti.

A differenza di un artista grafico, che può presentare nel portfolio il lavoro nella sua interezza, un linguista dovrà estrapolare soltanto alcuni stralci dei testi tradotti. Il modo più semplice e pratico di organizzare gli esempi di lavori è quello di suddividerli per tipologie, per clienti (naturalmente previa autorizzazione). Per un linguista quindi il portfolio dovrebbe contenere una selezione di testi tradotti professionalmente, appunto i migliori esempi del nostro lavoro, con a fronte il testo originale. Non sostituisce la traduzione di prova, che un cliente potrebbe comunque richiedere, ma è importante per far capire ai possibili committenti il proprio metodo di lavoro e vedere se si adatta alle loro esigenze. Il portfolio dovrebbe pertanto contenere testi altamente specializzati, quelli in cui abbiamo dato il massimo. È lecito inserire anche esempi di lavoro svolto come volontari, se ne siamo particolarmente orgogliosi. C'è chi consiglia di realizzare un portfolio diverso per ogni specializzazione, da presentare volta per volta. Ciò significa enfatizzare il concetto che il messaggio e il supporto devono essere personalizzati in base al destinatario. Se ci si rivolge a un cliente che traduce manuali di istruzioni o cataloghi non gli verrà mostrato un portfolio di traduzioni di poesie. Come scegliere dunque i testi? Alessandra Martelli, nel suo articolo «How to Create an Effective Portfolio for your Translation Business» (http://www.mtmtranslations.com/english-blog/how-to-create-an-effective-portfolio-for-your-translation-business), segnala che i testi per il portfolio devono presentare contenuti rilevanti, con una buona densità di terminologia tecnica, con problemi risolti e magari che facciano presa sul pubblico (come ad esempio testi tradotti per clienti importanti o brani tratti da testi già pubblicati).

Ogni testo di esempio nel portfolio dovrebbe essere breve, efficace e interessante da leggere, possibilmente di dimensioni ridotte. I brani più lunghi di 500 parole potrebbero risultare in ultima battuta noiosi. A livello stilistico, come per il CV, anche qui si consiglia di usare font classici, chiari, ossia utilizzare uno stile che concili e favorisca la lettura, non che la ostacoli. Bisogna fare attenzione inoltre a non violare le leggi sul copyright e a pubblicare solo i testi per i quali si è ricevuto il permesso di pubblicazione. Il testo originale e quello tradotto dovrebbe essere incolonnati uno accanto all'altro. Nel caso in cui vi fossero dei link, bisogna fare in modo che siano funzionanti.

Fino qui abbiamo parlato di portfolio in cui sono presenti le due lingue, quindi abbiamo dato per scontato che il potenziale cliente abbia la capacità di capirle entrambe e di giudicare il nostro livello da questi testi. Ciò può essere vero se ci si rivolge a un'agenzia di traduzione, tuttavia, questo strumento si rivelerà fallimentare se ci si dirige ai clienti diretti, i quali, nella maggioranza dei casi, non hanno le capacità (né la pazienza o il tempo) di analizzare testi bilingui. Un portfolio pensato per i clienti finali dovrà essere dunque composto da altri elementi, ossia dovrà giocare con la riconoscibilità dei clienti, il prestigio e la godibilità a livello grafico. In questo caso saranno avvantaggiati i traduttori editoriali, che potranno inserire i loro lavori pubblicati, magari scattando alcune foto accattivanti dei libri (con l'ulteriore vantaggio di non incappare in possibili problemi di copyright), come hanno fatto le traduttrici Rebecca Hendry (http://www.rebeccahendry.co.uk/portfolio.html) e Marta Pino (http://martapino.com/portfolio/).

Per ciò che concerne il traduttore tecnico, un portfolio efficace potrebbe essere, ad esempio, l'elaborazione di alcuni screenshot di siti tradotti o di documenti tradotti, che possono essere manipolati in modo da non violare i diritti di copyright, nel caso si trattasse di documenti non pubblici. In questo caso la differenza fra portfolio ed elenco di case study è piuttosto sfumata, e si rimanda ai numerosi articoli sull'argomento presenti online, come ad esempio l'eccellente «How to Write a Case Study: The Ultimate Guide & Template» (https://blog.hubspot.com/blog/tabid/6307/bid/33282/the-ultimate-guide-to-creating-compelling-case-studies.aspx). Un altro modo di intendere il portfolio è quello di elencare tutti i documenti e i testi che si sono tradotti, ordinati per tipologia, cliente e così via. Segnaliamo qui due esempi di portfolio di questo tipo, appartenenti a due traduttori freelance, Roberto Crivello (http://robertocrivello.com/portfolio/) e Genevieve Shaw (http://www.genevieveshaw.com/en/portfolio.html).

A livello di strumenti, esiste tutta una serie di siti che consentono di creare un portfolio. Quasi tutti sono orientati agli artisti grafici, ma possono essere usati anche da professionisti di altri settori.

- Carbonmade (https://carbonmade.com/)
- Dropr.com (http://dropr.com)
- Adobe Portfolio (https://www.myportfolio.com/)
- Crevado (https://crevado.com/)
- Dunked (http://dunked.com/)

Per approfondire l'argomento si consiglia la lettura dell'articolo «How to Build an Online Translation Portfolio and Drive Traffic to it» (http://marketingtipsfortranslators.com/how-to-build-an-online-translation-portfolio-and-drive-traffic-to-it/) che contiene diversi suggerimenti su come creare un portfolio per traduttori efficace e su come far sì che ottenga un alto grado di visibilità.

Errori da evitare

Anche nella preparazione di un portfolio online o di un elenco di progetti di esempio è facile incorrere in alcuni errori. Eccone alcuni fra i più gravi, fermo restando che valgono anche molte delle considerazioni già esposte per il CV, il biglietto da visita e la brochure.

Inserire dati senza aver ottenuto il permesso degli aventi diritto.

Mostrare esempi non significativi o non in linea con l'obiettivo prefissato. È necessaria una coerenza fra il resto del sito e la sezione del portfolio.

Usare immagini o fotografie a bassa risoluzione o di scarsa qualità.

Scrivere i testi dal punto di vista del fornitore e non del cliente.

Non descrivere nei dettagli il lavoro, non dare sufficiente contesto.

Inserire errori di ortografia o di grammatica. Il portfolio, come il resto dei documenti che produce un linguista, dev'essere impeccabile.

Elencare troppi lavori o troppo pochi. La sezione del portfolio deve essere completa al punto da poter essere considerata un sito all'interno del sito.

Non aver testato il portfolio sui dispositivi mobili e sugli schermi di piccole dimensioni. Sempre più utenti navigano da smartphone e tablet, per cui è imprescindibile che tutti i contenuti online siano *responsive*, ovvero fruibili su tutti i dispositivi.

Non aggiornare il portfolio periodicamente. Il portfolio dovrebbe cambiare e crescere nella misura in cui cambiamo e cresciamo come professionisti.

Intervista a Laura Prandino, traduttrice letteraria

Laura Prandino, traduttrice letteraria. Dopo la laurea ha lavorato a lungo in ambito commerciale. Avendo concluso che le interessava di più importare narrativa che esportare moda italiana, è finalmente riuscita a convincere alcuni editori a farglielo fare. Dal 2003 ha tradotto una sessantina di libri per Neri Pozza, Piemme, Garzanti, Nord, e altri. L'elenco completo dei titoli è disponibile qui: https://sites.google.com/site/prablog/.

Come hai deciso di specializzarti nel tuo settore e perché?

In realtà la specializzazione per me è sempre andata di pari passo con la traduzione, nel senso che fin dall'inizio ho puntato alla traduzione editoriale, o meglio, alla traduzione di narrativa. Non ho mai neppure provato ad affrontare altri settori perché, molto semplicemente, non mi sento portata e non possiedo gli strumenti necessari (né il rigore per acquisirli) per la traduzione legale, medica, finanziaria, o altri tipi di traduzioni tecniche o specializzate. Fin dagli studi universitari ho sempre nutrito interesse per la narrativa di lingua inglese, e arrivando alla traduzione la scelta di quel settore è stata quasi automatica. Fra l'altro so benissimo che una solida specializzazione tecnica garantirebbe probabilmente guadagni migliori, ma immagino che alla base di certe scelte ci siano le stesse motivazioni che mi hanno spinto, all'epoca, a iscrivermi a Lettere anziché a Giurisprudenza o Economia.

Come hai trovato il tuo primo cliente? E il più recente?

Alla traduzione come lavoro sono arrivata piuttosto tardi, dopo quasi vent'anni di impiego nel settore commerciale export. In pratica, di giorno lavoravo in ufficio e la sera traducevo. E inviavo proposte di traduzione. Dopo non so più quanti tentativi andati a vuoto – frustranti, certo, ma utili per costruirmi basi più solide e capire come modulare meglio le proposte – ho ottenuto una prova di traduzione su un'autrice da me proposta, e dopo aver superato la prova è arrivato il primo contratto. Con la stessa casa editrice è arrivato anche il secondo, poi ho preso contatto con altri editori e ho cominciato a lavorare con una continuità che, fatti i debiti scongiuri, non si è più interrotta. Per un paio d'anni ho continuato la doppia vita impiegata/traduttrice, per passare alla traduzione a tempo pieno dopo aver verificato che ero in grado di farcela, sia come ritmi di lavoro che come compensi.

Se dovessi consigliare a un traduttore una singola azione da svolgere domattina, quale sarebbe?

Difficile limitarsi a una, ma se una sola deve essere: imparare ad ascoltare. E sto barando un po', lo ammetto, perché per me ascoltare significa non solo orecchiare i dialoghi fra le persone (per strada, in treno, al supermercato, al cinema, ovunque) ma anche e soprattutto ascoltare davvero i libri cercando di coglierne il senso e le strutture, i ritmi, il linguaggio, i diversi registri, la modulazione delle voci, la musica del testo; e bisognerebbe ascoltare in lingua originale e in traduzione (possibilmente buone traduzioni e possibilmente con l'originale accanto, per scoprire i trucchi del mestiere, le soluzioni geniali e quelle inevitabilmente meno riuscite); e non scordarsi mai di ascoltare gli autori italiani, per imparare a sfruttare le infinite possibilità della nostra lingua e non appiattirsi sul «traduttese».

Che cosa non rifaresti se tornassi indietro?

Come dicevo, ho cominciato a tradurre per mestiere piuttosto tardi, e per un certo periodo ho avuto la sensazione di aver "perso tempo". In effetti mi sono poi resa conto che il lavoro precedente, per quanto lontano dall'editoria, ha costituito una parte importante della mia formazione personale e professionale, mi ha permesso di affrontare il mondo della traduzione con molto più spirito pratico e meno illusioni romantiche, e mi ha insegnato a trattare con più consapevolezza questioni economiche e contrattuali che sono comunque una parte essenziale del lavoro di freelance. A rischio di sembrare presuntuosa non mi vengono in mente cose che non rifarei. Persino i fallimenti e le delusioni, che di sicuro non mancano mai, hanno la loro funzione formativa, a patto di essere disposti a imparare qualcosa dai propri errori e di voler essere onesti con se stessi.

Quale caratteristica o quale capacità ritieni che sia determinante per avere successo in questa professione?

La curiosità. Credo che non si debba mai smettere di essere curiosi verso le storie, i libri, gli autori, ma anche verso le parole, i modi di dire ascoltati per strada, i riferimenti culturali "alti", ma anche gli slogan pubblicitari e le filastrocche per bambini. E poi bisogna avere orecchio per ripescare in mezzo a quel guazzabuglio la frase più adatta, la parola giusta per restituire a ogni autore la sua voce. Poi è essenziale una sana dose di testardaggine per non arrendersi alla prima difficoltà (e neanche alla seconda o alla terza), ma sempre a braccetto con l'onestà di riconoscere i propri limiti e di capire che non tutti i testi sono fatti per noi e noi non siamo fatti per qualsiasi testo: in certi casi è più corretto passare la mano ad altri. Ma quando accettiamo una traduzione dobbiamo saperlo fare alle migliori condizioni possibili: lavorare da soli significa anche imparare a curare i propri interessi e dare il giusto valore a una professionalità acquisita con dispendio di tempo, studi e denaro. Da qui anche la necessità di imparare a fare rete con i colleghi, per scambiarsi informazioni e pareri non solo sul traducente più adatto per quel termine, ma anche sulla serietà di un editore, sui compensi che si possono e si devono ottenere, su come dev'essere fatto un contratto e sugli errori che si potrebbero spesso evitare proprio grazie alle esperienza già fatte da altri colleghi.

Analisi e azioni

1. Scorri l'elenco dei clienti degli ultimi 3 anni. Per quali clienti ritieni di aver dato il massimo, consegnando una traduzione al di là delle aspettative? E quali lavori ti sono stati particolarmente congeniali? Parti da questi per costruire il tuo portfolio.
2. Se traduci soprattutto in campo editoriale e hai tradotto libri distribuiti in cartaceo, hai modo di scattare foto di qualità ai volumi? Se sì, fallo, altrimenti chiedi alla casa editrice se ti può dare accesso al materiale promozionale e usalo per il tuo sito.
3. Se traduci in ambito tecnico, puoi mostrare esempi del tuo lavoro che siano significativi delle sfide e degli ostacoli che hai superato, ovvero che lascino intravedere il processo al di là del risultato?
4. Immagina il tuo portfolio come se dovesse essere stampato. Cerca online esempi di portfolio fisici e analizzali. Quali aspetti puoi applicare al tuo?

Conclusione

Giunti a questo punto, dovrebbe essere chiaro che non ci sono più scuse: è arrivato il momento di agire. Gli strumenti a disposizione per emergere in un mercato sempre più affollato sono numerosi e vari, da scegliere oculatamente a seconda degli obiettivi prefissati. Alla base di tutto c'è il percorso di analisi che dovrebbe portare a conoscersi meglio, a delineare debolezze e punti di forza, per poi giungere all'elaborazione del proprio *personal brand* e delle azioni di marketing tese a promuoversi. Un cammino non facile, lo si era detto all'inizio, ma che non mancherà di dare soddisfazioni, quando, finalmente, non saremo più una *commodity*, ma un fornitore di servizi imprescindibile per il processo produttivo, tecnico, editoriale o letterario che sia. In una parola, saremo diventati insostituibili. Buon cammino e buona traduzione.

Printed in Great Britain
by Amazon